Aus dem Archiv des Verlages Walter de Gruyter

Briefe Urkunden Dokumente

Bearbeitet von
Doris Fouquet-Plümacher
und
Michael Wolter

Walter de Gruyter · Berlin · New York

CIP-Kurztitelaufnahme der Deutschen Bibliothek

Fouquet-Plümacher, Doris:
Aus dem Archiv des Verlages Walter de Gruyter : Briefe, Urkunden, Dokumente ; [Katalog zur Ausstellung vom 17. Oktober – 6. Dezember 1980, Universitätsbibliothek d. Freien Univ. Berlin] / bearb. von Doris Fouquet-Plümacher u. Michael Wolter. – Berlin, New York : de Gruyter, 1980.
(Ausstellungsführer der Universitätsbibliothek der Freien Universität Berlin ; 4)
ISBN 3-11-008513-5
NE: Wolter, Michael:

Umschlaggestaltung: Heinz Fielitz – Layout: Werner Bätzing – Satz und Druck: Arthur Collignon GmbH, Berlin 30 – Lithos: Terra-Klischee GmbH – Buchbindearbeiten: Wübben & Co.

Geleitwort

Die Universitätsbibliothek der Freien Universität Berlin dient mit ihrem Informations- und Literaturangebot nicht nur als zentrale Einrichtung der Lehre, der Forschung und dem Studium an der Universität, sondern sie steht darüber hinaus allen weit offen, die sich aus wissenschaftlichen oder sonstigen beruflichen Gründen an sie wenden; sie wird damit zu einer Stätte der Begegnung über den engeren Bereich der Hochschule hinaus.

Diese Begegnung zu fördern, ist uns eine ebenso interessante wie angenehme Verpflichtung. Aus diesem Grunde veranstaltet die Bibliothek unter anderem Ausstellungen zu wechselnden Themenkreisen aus ihren Beständen, bietet aber gleichermaßen im Rahmen der zur Verfügung stehenden Ausstellungsflächen den an der Freien Universität arbeitenden Wissenschaftlern die Möglichkeit, einem breiteren Publikum Einblicke in ihre vielfältige Forschungs- und Lehrtätigkeit zu vermitteln. Darüber hinaus fühlt sich die Bibliothek in dieser Hinsicht naturgemäß allen jenen Personen und Institutionen eng verbunden, die mit den Bereichen Buch und Bibliothek, Bild und Schrift, Information und Dokumentation in unmittelbarer Berührung stehen.

Es ist uns deshalb eine ganz besondere Freude, dieses Mal Dokumente aus dem Archiv eines Verlages ausstellen zu können, der der Geistes- und Wissenschaftsgeschichte insbesondere Berlins vielfältig verbunden ist – Dokumente, Briefe und Urkunden aus dem Archiv des Verlages Walter de Gruyter. Diese Ausstellung zeigt damit einen Aspekt des Buches auf, der sowohl dem Leser wie auch dem Betrachter von Buchausstellungen zumeist verborgen bleibt, Zeugnisse nämlich, die den geistigen Prozeß von Entstehung, Herstellung und Verbreitung eines Buches in seiner Mannigfaltigkeit eindringlich vor Augen führen. Die Ausstellungsstücke machen zugleich exemplarisch mit den wesentlichen Punkten der Verlagsarbeit des 19. Jahrhunderts vertraut, die gleichwohl nach wie vor Aktualität besitzen. Es handelt sich somit um den dokumentierten Werdegang des Buches, bevor dieses vom Sortimentshandel in die Hände des Lesers und – um den Kreis gleichsam wieder zu schließen – in die Bibliotheken gelangt.

Die Konzeption der Ausstellung und der Katalog sind in enger Zusammenarbeit von Universitätsbibliothek und Verlag entstanden. Herrn Dr. Kurt Georg Cram gilt unser besonderer Dank für die großzügige Förderung des Ausstellungsprojektes, Herrn Prof. Dr. Wenzel haben wir für wohlwollende Unterstützung zu danken. Auch die Drucklegung des Ausstellungskataloges ermöglichte dankenswerterweise der Verlag Walter de Gruyter.

Berlin, im Herbst 1980

Dr. Werner Liebich
Direktor der Universitätsbibliothek

Inhalt

1. Kurze Geschichte des Verlags und des Verlagsarchivs

Als einen Zusammenschluß von fünf Verlagen, deren Teilhaber oder alleiniger Besitzer er bereits seit mehreren Jahren war, gründete Walter de Gruyter (1862–1923), der einer rheinischen Kaufmannsfamilie entstammte und in Berlin Germanistik studiert hatte, 1919 die Vereinigung wissenschaftlicher Verleger. Walter de Gruyter & Co. 1923 wurde sie in Verlag Walter de Gruyter & Co. umbenannt. Diese Verlage sollen im folgenden kurz vorgestellt werden.

An erster Stelle zu nennen ist der Verlag Georg Reimer, dessen Wurzeln bis in das Jahr 1749 zurückreichen, dem Jahr der Gründung der Buchhandlung der Königlichen Realschule in Berlin, die Georg Andreas Reimer (1776–1842) 1801 in Erbpacht übernommen hatte (vgl. Nr. 2). 1819 gibt er ihr den eigenen Namen, und 1823 geht sie ganz in seinen Besitz über. G. A. Reimer, der 1813/14 aktiv an den Befreiungskriegen teilgenommen hatte, wurde der Verleger von Heinrich v. Kleist, Ernst Moritz Arndt, Johann Gottlieb Fichte, Friedrich Ludwig Jahn, Jean Paul, Friedrich Schleiermacher, Ludwig Tieck, August Wilhelm Schlegel, Achim v. Arnim, Jakob u. Wilhelm Grimm und Wilhelm v. Humboldt.

Besondere Hervorhebung verdienen die engen Beziehungen des Verlags G. Reimer zur „Königlich Preußischen Akademie der Wissenschaften Berlin“ und zum „(Kaiserlich) Deutschen Archäologischen Institut". Reimer publizierte die „Abhandlungen" (1804ff) und die „Sitzungsberichte" (1882ff) der Akademie neben vielen anderen Titeln, die an der Akademie entstanden: u. a. die Aristoteles-Gesamtausgabe (1831–70) mit den „Commentaria" (1882ff), I. Kants „Gesammelte Schriften" (1902ff; 1968 nachgedruckt), das „Corpus Inscriptionum Latinarum" (1863ff), die „Inscriptiones Graecae" (1873ff) und die „Prosopographia Imperii Romani Saec. I. II. III." (1897ff); an den drei letztgenannten Werken wird noch heute – jetzt von der „Akademie der Wissenschaften der DDR" – gearbeitet. Im Verlagsarchiv befindet sich ein Katalog, der alle bei Reimer erschienenen Titel der Akademie auflistet (Schriften der Königlich Preuss. Akademie der Wissenschaften Berlin, 1910, mit handschriftlichen Ergänzungen bis ca. 1930). – Die Verbindung zum Archäologischen Institut datiert aus dessen Gründungsjahr 1829. Die „Annali", „Bulletino" und „Monumenti dell'Instituto di corrispondenza archeologica" waren die ersten Publikationen, deren Kommissions-Verlag Reimer übernommen hatte (1829–85). Zu nennen ist weiterhin das noch heute erscheinende „Jahrbuch des (Kaiserlich) Deutschen Archäologischen Instituts" (1886ff, 1980 im 85. Bd.) mit seinem Beiblatt, dem „Archäologischen Anzeiger" (1896ff).

Im Verlag Georg Reimer erschienen darüber hinaus u. a. das Organ der preußischen Altliberalen, die „Preußischen Jahrbücher" (70 Bde., 1858–92), die „Protestantische Kirchenzeitung" (43 Jahrgänge, 1854–96), „Virchows Archiv für pathologische Anatomie" (bei Reimer: 227 Bde., 1847–1920) und Crelles „Journal für die reine und angewandte Mathematik" (1826ff, 1980 im 320. Band). Nach dem Tod Georg Andreas Reimers wurden die Verlagsgeschäfte zunächst von seinem Sohn Georg Ernst Reimer, dann von dessen Sohn Ernst Heinrich Reimer weitergeführt. 1897 verkaufte dieser den Verlag an Walter de Gruyter, der bereits seit 1894 als Volontär in ihm gearbeitet hatte.

Die G. J. Göschen'sche Verlagshandlung wurde 1785 durch Georg Joachim Göschen (1752–1828) in Leipzig gegründet. Göschen erwarb sich vor allem als Verleger deutscher Klassiker große Bedeutung: Bei ihm erschienen 1793 die Erstausgabe der „Sämtliche(n) Werke" Christoph Martin Wielands und 1787 bis 1790 eine erste Sammlung der Werke Goethes. Göschen unterhielt enge freundschaftliche Beziehungen zu Schiller, dessen „Thalia" er verlegte. Auch Klopstocks „Oden" und Lessings „Hamburgische Dramaturgie" erschienen bei Göschen. Große Verdienste erwarb er sich zudem durch seine Bemühungen um eine Verbesserung der Typographie, wofür die Prachtausgabe des griechischen Neuen Testaments durch Johann Jakob Griesbach 1803 und eine Ausgabe der Werke Homers durch Friedrich August Wolf, 1804/07, als eindrucksvolle Beispiele erwähnt seien (zu diesem Komplex vgl. Debes).

Nach dem Tod Georg Joachim Göschens verkauften seine Erben 1838 den Verlag an die Cotta'sche Buchhandlung in Stuttgart; er wechselte in der Folgezeit noch mehrfach den Besitzer, bis ihn Walter de Gruyter 1919 als selbständige Abteilung seinem eigenen Verlag eingliederte.

Die J. Guttentag, Verlagsbuchhandlung war ein in erster Linie rechtswissenschaftlicher Verlag, dessen Programm und Profil durch die umfangreichen Sammlungen und Kommentare des kodifizierten Rechts bestimmt sind. Benannt ist der Verlag nach Immanuel Guttentag (gest. 1862), der den Buchverlag der Firma Trautwein (gegr. 1820) im Jahre 1842 erworben hat. Nach seinem Tod wechselten Besitz und Formen des Verlags mehrfach. Seit 1871 erschienen hier die „Guttentagsche Sammlung Deutscher Reichsgesetze" (237 Bde., 1895–1949) und die „Guttentagsche Sammlung Preußischer Gesetze" (68 Bde., 1873–1944). Gottlieb Planck, der maßgebliche Gestalter des BGB, Rudolf v. Gneist, Ludwig Ebermayer, Hermann Staub und Ludwig v. Bar gehörten zu den Autoren von Guttentag, bei dem auch der

BGB-Kommentar der Reichsgerichtsräte (1888, ^{12}1974ff [hg. v. Mitgliedern des Bundesgerichtshofes]) und Franz v. Liszts „Lehrbuch des deutschen Strafrechts“ (1881, ^{26}1932) und dessen „Zeitschrift für die gesamte Strafrechtswissenschaft“ (1881ff, 1980 im 92. Band) erschienen. – 1898 trat Walter de Gruyter in die Geschäftsführung des Guttentagschen Verlages ein; 1919 ging dieser dann ganz in seinem Verlag auf.

Der Verlag Veit & Comp. wurde 1834 von Moritz Veit (1808–63) in Berlin gegründet und verlegte in erster Linie Titel aus dem Bereich der Naturwissenschaften, der Medizin, Mathematik, aber auch der Rechtswissenschaft und Schachliteratur. Veit, der dem Frankfurter Paulskirchenparlament wie auch dem preußischen Landtag angehörte, war z. B. der Verleger von Leopold v. Rankes „Neun Bücher preußischer Geschichte“ (3 Bde, 1847), von Johann Gustav Droysens Biographie York von Wartenburgs (3 Bde, 1851) und dessen „Geschichte der preußischen Politik“ (5 Abth., 1855–1886). 1858 verkaufte Veit seinen Verlag, dessen Schwerpunkt sich in der Folgezeit zunehmend auf den naturwissenschaftlich-medizinischen Bereich verlagerte, ohne daß die anderen Gebiete nicht auch weiterhin betreut wurden. Der Verlag wechselte ebenfalls noch mehrfach den Besitzer, bis er 1919 von Walter de Gruyter als eigene Abteilung in dessen Verlag übernommen wurde.

Der jüngste der hier vorzustellenden Verlage ist der Verlag Karl J. Trübner. Er wurde im Jahre 1872 in Straßburg in enger Anlehnung an die unmittelbar zuvor eröffnete dortige Kaiser-Wilhelm-Universität, die das neue deutsche Elsaß repräsentieren sollte, durch Karl J. Trübner (1846–1907) gegründet. Seine Einstellung fand ihren Ausdruck im Verlagsprogramm, in dem Alsatica einen beträchtlichen Raum einnahmen (vgl. Verlagskatalog 1872–1903, Register, Abschn. XI). – Karl J. Trübner gelang 1888 die Rückgewinnung der Manessischen Liederhandschrift, die auf ungeklärten Wegen nach Paris gelangt war und sich seit 1657 in der Bibliothèque Royale (Nationale) befand, für ihre frühere Heimat Heidelberg. Ein weiterer Schwerpunkt des Verlags Karl J. Trübner war die Sprachwissenschaft, v. a. die Germanische Philologie und Altertumskunde (z. B. die Reihe „Quellen und Forschungen zur Sprach- und Culturgeschichte der germanischen Völker", 1874ff; 1977 erschien Bd. 70 der Neuen Folge = 194 der gesamten Reihe). Bei Trübner erschienen die Grundrisse der romanischen, germanischen und iranischen Philologie sowie Karl Brugmanns „Grundriß der vergleichenden Grammatik der indogermanischen Sprachen" (5 Bde., 1897–1900, mehrere Überarbeitungen, letzter Nachdruck 1970), Kluges „Etymologisches Wörterbuch" (1884, ^{21}1975) und das „Jahrbuch der gelehrten Welt. Minerva" (1881ff). 1906 wurde Walter de Gruyter Teilhaber und 1907 alleiniger Besitzer des Verlages K. J. Trübner, der 1918 Straßburg verlassen mußte und dessen Hauptsitz nach Berlin verlegt wurde.

Nach dem Tod Walter de Gruyters 1923 übernahm sein Schwiegersohn Herbert Cram (1890–1967) die Leitung der Verlagsgeschäfte, seit 1939 zusammen mit Wolfgang von Staa (gest. 1969). Weitere Verlage kamen bis zum 2. Weltkrieg hinzu: 1927 A. Markus & E. Webers Verlag aus Bonn, dessen Gründungsjahr 1818 mit dem der Bonner Universität zusammenfällt und dem die von Hans Lietzmann herausgegebenen „Kleinen Texte für Vorlesungen und Übungen" entstammen (1902ff, 1978 im 194. Band). Auch die Clemensche Lutherausgabe erschien zuerst in diesem Verlag. 1928 folgte der Verlag Friedrichsen, de Gruyter & Co. (seit 1945: Cram, de Gruyter & Co.) und 1935 der Verlag Alfred Töpelmann, Gießen, der in erster Linie Werke aus dem Bereich der Theologie und Religionswissenschaft verlegte: z. B. „Religionsgeschichtliche Versuche und Vorarbeiten" (1903ff; 1975 im 35. Band), die Zeitschriften für die alttestamentliche (1881ff; 92, 1980) und die neutestamentliche (1900ff; 71, 1980) Wissenschaft mit ihren Beiheften sowie Walter Bauers „Wörterbuch zum Neuen Testament" (1928, [5]1958 = 1971). 1937 kam der Technische Verlag M. Krayn (umbenannt in Technischer Verlag Herbert Cram) hinzu, und 1939 erwarb W. de Gruyter eine Beteiligung am J. Schweitzer Verlag, mit dem „Staudingers Kommentar zum BGB" zu ihm kam.

Für die Entwicklung der letzten Jahre ist vor allem eine Ausweitung der Aktivitäten des Verlags auf den internationalen Bereich kennzeichnend, was sich z. B. in der starken Zunahme der Zahl der englischsprachigen Titel dokumentiert. Unter der Geschäftsführung von Kurt Georg Cram und Kurt Lubasch wurde im Zuge dieser Entwicklung 1971 eine Tochterfirma in New York, Walter de Gruyter Inc., errichtet sowie 1977 der vor allem durch seine linguistischen Werke bekannte Verlag Mouton Publishers in Den Haag und 1978 die Aldine Publishing Comp. Chicago (jetzt New York), ein Verlag in erster Linie für Sozial- und Wirtschaftswissenschaften, erworben.

* * *

Die lange und vielfältig gebrochene Geschichte der einzelnen Verlage bildete eine sehr ungünstige Grundlage für die Bildung des Verlagsarchivs: mangelnde Betreuung und Pflege der Bestände durch die verschiedenen früheren Verlagsbesitzer sind der Hauptgrund dafür, daß der jetzige Bestand außerordentlich uneinheitlich und fragmentarisch ist und kein auch nur annähernd geschlossenes Quellenmaterial zur Verlagsgeschichte und den hier verlegten Autoren bzw. Werken zu geben vermag.

Das Archiv umfaßt die Quellen bis 1945; späteres ist zusätzlich dann hinzugenommen, wenn die überwiegende Zahl der Dokumente eines Vorgangs vor 1945 liegt. Die Hauptmasse des Archivguts besteht in Korrespondenzen, Verlagsverträgen, Quittungen und anderen Geschäftspapieren; diese sind nach den Provenienzen der einzelnen Verlage geordnet und durch einen handschriftlichen alphabetischen Katalog erschlossen. Dieser als Manuskript von Professor

Dr. Otto Neuendorff nahezu fertig gestellte Katalog, der auch im Druck erscheinen soll, diente der vorliegenden Auswahl als Grundlage. Werkmanuskripte sind, mit Ausnahme des reichen Schleiermacher-Bestandes, nur wenige im Verlagsarchiv vorhanden, z. B. Varnhagen von Enses „Schlichter Vortrag an die Deutschen über die Aufgabe des Tages" (Nr. 21) oder Kaiser Wilhelms II „Erinnerungen an Korfu" (Umbruchexemplar, nicht aufgenommen). Aufschlußreich sind auch die rein geschäftlichen Quellen: die Kalkulations-, Verlagskosten- und Rechnungsbücher, die sich über viele Jahrzehnte hin erstrecken, darunter das älteste Geschäftsbuch von Reimer; die Protokolle der Verlagskonferenzen (seit 1919) und eine Zusammenstellung mit Angeboten und Ablehnungen von Manuskripten (seit 1932). Diese geschäftlichen Dokumente sind hier mit besonders alten Beispielen vertreten, einigen Geschäfts- und Rechnungsbüchern von Reimer (Nr. 2–4).

Da die Ordnung nach Provenienzen vorgegeben ist, erscheint es sinnvoll, einen kurzen Blick auf die einzelnen Bestandteile des Archivs und ihre Geschichte zu werfen.

An erster Stelle ist natürlich der Verlag Reimer zu nennen. Nur zu ihm besteht eine ungebrochene Kontinuität und aus diesem Verlag stammt auch der größte und qualitätvollste Teil des Archivbestandes: hier finden sich die Quellen zu den oben schon genannten Autoren der ersten Hälfte des 19. Jahrhunderts, hier liegt reiches Material zur Wissenschafts- und Gelehrtengeschichte überhaupt.

Das Reimersche Archiv hat ein recht ungünstiges Schicksal gehabt, da es lange Zeit hindurch ungesichert jedem Zugriff offen war, und erst seit der Übernahme durch de Gruyter eine regelrechte Pflege genoß. Das vergangene Jahrhundert ging mit diesen handschriftlichen Quellen meist sorglos um; es war z. B. üblich, ‚interessante' Objekte an Freunde und Bekannte oder andere Sammler zu verschenken – Schillers Erben verschenkten bekanntlich manche seiner handschriftlichen Dokumente zeilenweise an Verehrer! Die große Reimersche Familie, unter deren Mitgliedern einige als bedeutende Autographensammler bekannt sind (z. B. Hans Reimer und Dietrich Reimer), entnahm hier vermutlich recht viel an bedeutenden Quellen, sei es zu einer eigenen Sammlung, sei es, um andere damit zu erfreuen. Auch Salomon Hirzel, der Schwiegersohn von Georg Andreas Reimer, und Georg Hirzel, sein Enkel, nahmen Briefe und andere Dokumente an sich, die sie z. T. ihren eigenen Sammlungen einverleibten oder weitergaben. Der Leipziger Sammler Hermann Härtel erhielt beispielsweise von Salomon Hirzel aus dessen berühmter Sammlung Autographen zum Geburtstag[1]. In Härtels Sammlung befinden sich ein Billett von Friedrich de la Motte Fouqué und ein Brief von Barthold Georg Niebuhr an G. A. Reimer, die aus dieser Quelle stammen könnten. Auch der sehr umfangreiche Bestand an Briefen von Ernst Moritz Arndt an G. A. Reimer war in Hirzel'schen Besitz gekommen[2]. Etwa 100 Briefe daraus gelangten 1963 über den Autographenhandel ins Stadtarchiv Bonn[3]. So gibt es von der sehr engen Freundschaft zwischen Arndt und dem alten Reimer, den Arndt seinen „treuesten, redlichsten Herzensfreund aus jugendlichen Jahren" nennt[4] und dem er einen schönen Nachruf gewidmet hat[5], kein Zeugnis mehr im Verlagsarchiv; erhalten sind hier nur die Briefe an den Sohn Georg Ernst Reimer (Nr. 12). Ernst Heinrich Reimer, der Enkel des Verlagsgründers, verschenkte ebenfalls Autographen an Freunde und Bekannte, die ihn darum baten, z. B. einen Arndtbrief an den Sohn des Architekten Waesemann, der Arndts Haus in Bonn erbaut hatte, oder zwei Humboldt- und vier Arndtbriefe an Emilie List in München, die ihn um Überlassung von Briefen bedeutender Männer gebeten hatte – die entsprechenden Bitt- und Dankesschreiben liegen im Verlagsarchiv. Dieser freie Zugriff zum Archivgut, der

---

[1] Katalog der Sammlung Härtel, Staatsbibliothek Preußischer Kulturbesitz, Einleitung.

[2] In Arndts „Lebensbild in Briefen" von Heinrich Meisner und Robert Geerds, Berlin 1898, werden die Briefe noch als Besitz Hirzel bezeichnet.

[3] Auktion 565 bei Stargardt, Dezember 1963, Kat.Nr. 6.

[4] Ernst Moritz Arndt, Erinnerungen aus dem äußeren Leben, 2. unveränd. Aufl. Leipzig 1840, 107.

[5] Augsburger Allgemeine Zeitung, Beilage vom 18. Oktober 1842.

ja nur in seltenen Fällen belegt ist, war innerhalb der Familie offensichtlich bekannt: Ernst Heinrich Reimer antwortete Fritz Jonas, der für die Literaturarchivgesellschaft bedeutende Brief erbat, er müsse erst nachsehen, was Georg Hirzel übrig gelassen habe[6].

So läßt sich auch die Verlegertätigkeit Reimers für Heinrich von Kleist nur noch in der Kontoführung im Großen Hauptbuch (Nr. 4) zeigen, weitere Zeugnisse sind nicht mehr vorhanden. Auch von den Briefen Kleists an Reimer befindet sich kein einziger mehr im Verlagsarchiv[7]. Sie waren über viele Besitzer – darunter auch Georg Hirzel – verstreut; heute sind von ihnen überhaupt nur noch acht nachweisbar, die übrigen gingen im zweiten Weltkrieg verloren oder müssen als verschollen gelten.

Neben dem freien Zugriff zum Archivgut kann beim Verlust der Quellen auch die Vernachlässigung eine Rolle gespielt haben. Wie Walter de Gruyter dem Germanisten Reinhold Steig erklärte, „haben große Massen von Geschäftspapieren und Correspondenzen jahrzehntelang früher unbehütet dagelegen und mit blinder Willkür ist davon das allermeiste vernichtet worden"[8]. Dieses Urteil scheint freilich etwas zu scharf formuliert zu sein: gewiß wird manches wertvolle Material durch Unkenntnis oder Desinteresse auch vernichtet worden sein, doch scheinen sehr viele bedeutende Quellen – insbesondere die Korrespondenzen der Autoren mit ihrem Verleger – nur dem Archiv entfremdet und auf Umwegen anderen Sammlungen zugute gekommen, aber eben nicht vernichtet worden zu sein. So

---

[6] Antwort auf den Brief von Jonas vom 2. April 1892, im Verlagsarchiv.

[7] Eva Rothe und Helmut Sembdner, Die Kleist-Handschriften und ihr Verbleib, in: Jahrbuch der deutschen Schillerges. 8 (1964) 324–343, hier 337–339; hinzu kommt das später bekannt gewordene Billett vom 16. Dezember 1810 in der Staatsbibliothek Preußischer Kulturbesitz, Autogr. I/1274. Vermutlich sind die Briefe über Familienbesitz in den Handel gelangt (über Hirzel?), vgl. Klaus Kanzog, Edition und Engagement. 150 Jahre Editionsgeschichte der Werke und Briefe Heinrich von Kleists. Berlin/New York 1979, II 2 mit Anm. 7. Der Kleist-Forscher G. Minde-Pouet hatte angenommen, daß sie von einem ungetreuen Verlagsangestellten entwendet worden seien (H. v. Kleist, Werke. Im Verein mit G. Minde-Pouet und R. Steig hg. von E. Schmidt, Leipzig/Berlin V 1905 483).

[8] Reinhold Steig, Neue Kunde zu Heinrich von Kleist, Berlin 1902, 130.

sind diese Dokumente in alle Welt verstreut, und selbst eine nur grobe Übersicht über den ehemaligen Bestand bzw. die Verluste ist nach unserer jetzigen Kenntnis nicht möglich[9]. Eine aus den Quellen gearbeitete Geschichte des Verlags oder eine Biographie Reimers fehlen und wären nur nach umfangreichen Recherchen auch außerhalb des Verlagsarchivs möglich.

Das Archiv von Göschen ist mit seinem alten Bestand zum großen Teil 1838 beim Verkauf des Verlags an Cotta in dessen Besitz übergegangen und 1952 mit dem Cotta-Archiv ins Schiller-Nationalmuseum und Deutsche Literaturarchiv in Marbach gelangt[10]. Ein Komplex von sehr wertvollen Briefen von und an Göschen war jedoch bereits vor diesem Verkauf verschwunden. Einzelstücke daraus tauchten gelegentlich wieder auf und wurden von dem Enkel und Biographen Göschens, dem Viscount Goschen, gesammelt; seine Sammlung umfaßte schließlich 865 Briefe aus den Jahren 1785–1825. Sie wurde dann vor dem ersten Weltkrieg vom Börsenverein der Deutschen Buchhändler in Leipzig gekauft[11] und befindet sich heute als dessen Besitz im Buch- und Schriftmuseum der Deutschen Bücherei zu Leipzig[12]. Dokumente des Göschenverlags aus der frühen Zeit sind im Verlagsarchiv also entweder nur durch Zufall erhalten, z. B. das Privileg des Kurfürsten von Sachsen für Göschen

[9] Hinweise geben die Briefeditionen der Verlagsautoren sowie die Handschriftenkataloge großer Sammlungen. Aufschlußreich ist die Zusammenstellung ‚Reimer' in der Zentralkartei der Autographen, Handschriftenabteilung der Staatsbibliothek Preußischer Kulturbesitz.

[10] Schiller-Nationalmuseum Marbach/Neckar, Bestandsverzeichnis des Cotta-Archivs (Stiftung der Stuttgarter Zeitung), I: Dichter und Schriftsteller, bearb. v. Liselotte Lohrer, Stuttgart 1963.

[11] Aus den Briefen der Göschensammlung des Börsenvereins der Deutschen Buchhändler zu Leipzig, hg. von J. Goldfriedrich, Leipzig 1918.

[12] Sie ist nicht im zweiten Weltkrieg verbrannt, wie zunächst vermutet worden war (Annemarie Meiner, G. J. Göschen, in: Börsenbl. für den Deutschen Buchhandel, Frankf. Ausg. 9 [1953] 168), sondern erhalten und steht, nach umfangreichen Restaurierungsarbeiten der durch Hitzeeinwirkung erfolgten Beschädigungen und nach neuer Inventarisierung und Katalogisierung, seit 1978 der Forschung wieder zur Verfügung (freundliche Mitteilung der Deutschen Bücherei, Deutsches Buch- und Schriftmuseum, Brief vom 15. August 1980).

zur Errichtung einer Druckerei in Grimma (Nr. 1) oder erst nachträglich wieder in Verlagsbesitz gelangt wie das Briefkopierbuch II (Nr. 6), das aus dem englischen Antiquariatshandel zurückerworben wurde. Große Teile des inhaltsreichen Briefwechsels Georg Joachim Göschens mit Wieland, Schiller und Goethe sind in der Biographie Göschens des Viscount Goschen abgedruckt.

Aus der zweiten Hälfte des vergangenen Jahrhunderts sind Quellen nicht in dem Umfang vorhanden, wie sie eigentlich zu erwarten wären. Bedeutende Autoren des Göschenverlags waren z. B. Eduard Mörike, Gottfried Keller, Ferdinand Freiligrath und Georg Herwegh. Heinrich Klenz zitiert in seiner ungedruckten Verlagsgeschichte (s. Literaturverzeichnis) noch umfangreiche Quellen aus dem Schriftwechsel zwischen dem damaligen Verlagsinhaber Ferdinand Weibert und diesen Dichtern, doch ist davon im Verlagsarchiv, außer in den Fragmenten von Briefkopierbüchern des Verlags (Nr. 7), nichts mehr erhalten[13].

Das Archivgut aus den anderen im Verlag de Gruyter aufgegangenen Verlagen ist weniger reich an klingenden Namen, jedoch für die Wissenschaftsgeschichte von nicht geringerer Bedeutung. Als Beispiel sei die umfangreiche Korrespondenz von Franz von Liszt bei Guttentag genannt (Nr. 30).

Eine sachliche Beschäftigung mit den Beständen des Archivs und deren wissenschaftliche Nutzung setzten richtig erst mit der Übernahme der Verlage durch de Gruyter ein. Unter der Verlagsleitung von Walter de Gruyter, der als Germanist – er hatte 1887 über das mittelhochdeutsche Tagelied promoviert – besonderes Interesse an diesen Quellen hatte, wurden die Korrespondenzen alphabetisch

---

[13] Von Freiligrath und Herwegh sind keine, von Mörike und Keller nur unbedeutende Zeugnisse vorhanden. Die Korrespondenz Mörike-Weibert liegt im Schiller-Nationalmuseum und Deutschen Literaturarchiv in Marbach (vgl. den Mörike-Katalog 1975). Die anderen Schriftwechsel sind dort nicht vorhanden (freundliche Mitteilung aus Marbach, Brief vom 8. Juli 1980).

geordnet und bei Untersuchungen und Editionen benutzt; jedenfalls ist seither die Benutzung des Archivs durch Eintragungen bzw. den Dokumenten beigefügte Unterlagen belegt. Der Verleger selbst teilte „aus seiner Autographensammlung" die bedeutenden Schlegel- und Helmholtzbriefe mit (Nr. 10 und 25) und vermehrte das Archiv durch planvolle Käufe (s. Nr. 11a und b). Doch erst seit 1968 wird das Archiv systematisch von Prof. Dr. Otto Neuendorff betreut, er hat den bereits oben genannten alphabetischen Katalog der Korrespondenzen erstellt.

* * *

Die vorliegende Auswahl soll bedeutende Dokumente aus dem Verlagsarchiv vorstellen. Diese Auswahl ist natürlich subjektiv. Es wurde aber versucht, Vertreter aller geistigen Disziplinen zu Wort kommen zu lassen, – der Philosophie, Theologie, Philologie und Literatur, der Bildenden Kunst, Geschichte, der Rechtswissenschaft, der Medizin und Naturwissenschaften.

Am Anfang stehen einige geschäftliche Dokumente, die für die Geschichte der Verlage konstitutive Geschehnisse dokumentieren: die Konzession zur Errichtung einer Druckerei für Göschen (Nr. 1), Geschäftsbücher und Inventurlisten von Reimer (Nr. 2–4). Hier ist besonders das Große Hauptbuch II von Reimer (Nr. 4) ein wichtiges Dokument zur Kultur- und Geistesgeschichte. Bisher noch nie gründlich untersucht, spielt es lediglich in der Kleist-Philologie wegen der in ihm enthaltenen Kleistschen Kontoführung eine Rolle. Im Hauptbuch sind neben anderen Geschäftsvorgängen z. B. auch die Bücherkäufe einzelner Kunden vollständig verzeichnet, und zwar alle Bücherkäufe, nicht nur die aus Reimers Verlag, da Sortiment und Verlag seinerzeit noch nicht getrennt waren. So ergibt sich hier bei bestimmten Kunden eine lückenlose Übersicht über deren Bucherwerbungen (z. B. bei Schleiermacher).

Der Hauptteil spiegelt wie das Archiv selbst naturgemäß die Kommunikation zwischen Autor und Verleger. Die vielfältigen geistigen und materiellen Faktoren, die die Publikation eines Buches begleiten und beeinflussen, werden deutlich: die Initiative – des Autors oder des Verlegers – zur Veröffentlichung, die verschiedenen zeitgeschichtlichen und geistesgeschichtlichen Einflüsse sowie die ökonomischen Zwänge.

Natürlich finden sich auch Dokumente für die Ablehnung von Publikationsvorhaben, die dann meist in anderen Verlagen realisiert wurden: z. B. ein Vertragsentwurf von Karl Friedrich Schinkel, der 1830 für seine „Sammlung architektonischer Entwürfe" einen neuen Verleger suchte, mit Reimer aber nicht zum Abschluß kam und ab 1833 bei Duncker und Humblot drucken ließ (nicht aufgenommen); oder zwei Briefe von Ferdinand Lassalle, der sein Buch über Heraklit bei Reimer publizieren wollte (Nr. 27) oder auch ein Brief von Helene Lange, die ihre Schilleraufsätze dem Verlag vergeblich anbot (Nr. 29).

Da die Verlagsüberlieferung vieler Autoren bruchstückhaft ist bzw. sogar ganz fehlen kann, wird man verschiedene Autoren hier vergeblich suchen, z. B. Achim von Arnim, Friedrich Schlegel, Henrich Steffens, Novalis, Jean Paul, Eduard Mörike oder Gottfried Keller. Auch E. Th. A. Hoffmann, dessen Werke in Einzelausgaben sowie später in 12 Bänden mit den Illustrationen von Theodor Hosemann bei Reimer erschienen, fehlt: lediglich späte Verträge des Verlags mit seiner Witwe und anderen Verlagen lassen sich noch finden. Andere Autoren sind zwar auch nur sehr fragmentarisch, dafür aber mit recht qualitätvollen Dokumenten vertreten, z. B. August Wilhelm Schlegel (Nr. 10).

Bei den Autoren, zu denen etwas größere Konvolute vorliegen, wurde versucht, besonders signifikante Stücke vorzustellen. Hier war die Auswahl nicht immer einfach, da die Bedeutung der einzelnen Dokumente vielfach gleichrangig war, z. B. bei den acht noch unveröffentlichten Briefen Alexander von Humboldts (Nr. 14). Das Gleiche gilt für die fünf Briefe Runges, hinter denen die sehr private Beziehung zu Reimer sichtbar wird (Nr. 18).

Zu einigen Autoren bzw. Werken liegt besonders umfangreiches Material von zum Teil weit über hundert Briefen, Verträgen und ähnlichen Materialien vor, z. B. zu Ludwig Tieck, Ch. W. Hufeland, Rudolf Virchow, Ernst Haeckel, Franz von Liszt, Karl Jaspers oder den Preußischen Jahrbüchern. Die Auswahl aus diesen großen Komplexen erwies sich aus naheliegenden Gründen als außerordentlich problematisch.

Eine Besonderheit stellt der Bestand zu Friedrich Schleiermacher dar, der eng mit Reimer befreundet war und eine Zeitlang mit ihm zusammen in dessen Haus wohnte, dem Sackenschen Palais in der Wilhelmstraße 73. Das Schleiermacher-Material füllt einen ganzen Schrank. Eine Durchsicht erfolgte durch Andreas Arndt und Wolfgang Virmond von der Schleiermacherforschungsstelle Berlin (bei der Kirchlichen Hochschule Berlin). Sie übernahmen für diesen Katalog die Bearbeitung des gesamten Bestandes, dessen Art und Umfang es nahelegten, ihm einen besonderen Platz am Schluß zuzuweisen.

Die Gliederung des Katalogs erfolgt nach chronologischem Prinzip, die Personen sind nach ihren Lebensdaten (nicht nach den Daten der Dokumente) geordnet. Die Umfangsangabe der Briefe gilt für beschriebene Seiten und eigentliche Blattzahl, „1 S./1 Doppelbl." bedeutet also eine beschriebene Seite eines Doppelblattes.

Die Beschreibung gibt, soweit sinnvoll, eine Transkription, sonst eine Inhaltsangabe der Dokumente. Falls ein Text schon gedruckt vorliegt, ist in der Regel auf einen vollständigen Abdruck verzichtet; der Text ist jedoch erneut mit den Originalen verglichen und kann stellenweise von den vorliegenden Drucken abweichen. Die Transkriptionen folgen dem Original getreu; alle Zusätze wie Auflösungen von Abkürzungen, zusätzliche Satzzeichen, unsichere Lesungen usw. sind durch eckige Klammern [ ] gekennzeichnet. Winkelklammern ⟨ ⟩ schließen vom Autor getilgte Worte ein. Die in Briefen häufig vorkommenden Unterstreichungen der Schreiber sind gesperrt wiedergegeben. Dem Text folgen kurze Erläuterungen bzw. Anmerkungen zum leichteren Verständnis des Objektes und – soweit bekannt – Angaben zum Abdruck der Quellen; am Schluß wird noch der Hinweis auf weiteres im Archiv befindliches Material zum behandelten Objekt auf Grund des oben genannten Katalogs gegeben.

Die Bearbeitung des Schleiermacher-Komplexes erfolgte durch die Schleiermacherforschungsstelle Berlin, die der Nr. 11, 24, 26 und 31 durch Prof. Dr. O. Neuendorff; alle anderen Beschreibungen stammen von den Verfassern. Für freundliche Hilfe danken wir der Bibliothek der Kirchlichen Hochschule sowie der Handschriftenabteilung und der Zentralkartei der Autographen der Staatsbibliothek Preußischer Kulturbesitz.

Doris Fouquet-Plümacher
Michael Wolter

2. Katalog

1

Konzession für Georg Joachim Göschen zur Errichtung einer Buchdruckerei in Grimma bei Leipzig durch Friedrich August III., Kurfürst von Sachsen (1768–1827). Bestätigung mit eigenh. Unterschrift, 14. Juli 1797[1]. 1 gefaltetes Pergamentbl., 365 × 283 mm; Beschädigungen vermutlich durch Säure (geringer Textverlust).

Friedrich August III. gibt dem Gesuch des Leipziger Buchhändlers Georg Joachim Göschen, in Grimma eine Buchdruckerei errichten zu dürfen, statt. Die Konzession ist an die Bedingung geknüpft, *daß er* [den in dem Re]*gulativ*[2] *wegen der Bücher-/Censur enthaltenen Vorschriften . . . strackli*[ch] *nachkomme*[3] bei Androhung des Entzugs der Konzession. Göschen hat eine jährliche Abgabe von drei Talern an die Stadt Grimma zu entrichten, deren Rat die Druckerei *wider männigliche Beeinträchtigung zu schützen* hat.

Göschen betrieb bereits seit 1793 eine Druckerei in Leipzig (zum Folgenden s. Debes 18ff). Gegen die Erteilung einer Konzession an ihn hatten damals die Leipziger Buchdrucker – erfolglos – mit der Begründung Einspruch erhoben, daß Göschen kein gelernter Buchdrucker sei und somit auch kein Zunftrecht habe. Er bekam für Leipzig auch nur die Konzession für den Druck mit lateinischen Schriften nach dem Punktsystem des französischen Schriftgießers F. A. Didot (1730–1804). Für den Betrieb der Druckerei in Grimma

---

[1] Monatsangabe zerstört; Ergänzung nach D. Debes, Georg Joachim Göschen. Die typographische Leistung des Verlegers, Leipzig 1965, 21, aufgrund der im Stadtarchiv Grimma vorhandenen Abschrift.

[2] Vom 11. Januar 1780 (Debes 21).

[3] Ergänzungen z. T. nach Debes 21.

unterlag Göschen keinen typographischen Beschränkungen mehr. Einsprüche einer Innung hiergegen waren nicht zu befürchten, da es in Grimma seit 1768 keine Druckerei mehr gab (C. G. Lorenz, Die Stadt Grimma im Königreich Sachsen, Leipzig 1865 ff, 929). Die Verlegung der Druckerei nach Grimma dürfte also sicher nicht zuletzt auf den Wunsch, ohne typographische Beschränkung drucken zu können, zurückzuführen sein.

2

Erbpachtvertrag und Vertrag über die Auflösung des Erbpachtverhältnisses zwischen Georg Andreas Reimer und dem Konsistorium des Friedrich-Wilhelm-Gymnasiums.

a. Erbpachtvertrag zwischen Georg Andreas Reimer und dem Konsistorium des Friedrich-Wilhelm-Gymnasiums zur Übernahme der Buchhandlung der mit dem Gymnasium verbundenen Realschule durch G. A. Reimer, 22. Oktober 1801. 30 Bll., 342 × 204 mm.

Bestandteile des Vertrages:

1^{r}: Genehmigung des Erbpachtvertrages seitens des Konsistoriums des Friedrich-Wilhelm-Gymnasiums und Bevollmächtigung für den Direktor des Gymnasiums, Oberkonsistorialrath Andreas Jakob Hecker, den Vertrag mit Reimer gerichtlich bestätigen zu lassen (22. Mai 1801).

$2^{r}-5^{r}$: Gerichtsprotokolle über Verlesung, Bestätigung und Unterzeichnung des Vertrags (22. Oktober 1801; 7. Januar 1802; 11. Januar 1802).

$6^{r}-9^{v}$: „Punctation", d. h. der eigentliche, 14 Artikel umfassende Vertrag vom 15. Dezember 1800. Demnach erwirbt Reimer die in der Friedrichstraße, Ecke Kochstraße gelegene Buchhandlung mit dem gesamten Inventar sowie den Aktiva und Passiva für einen Pachtzins von 500 Reichstalern p. a.

$10^{r}-11^{v}$: Abschrift eines Privilegs Friedrichs d. Gr. vom 29. Oktober 1749, in dem der Realschule der Betrieb einer Buchhandlung gestattet wird (3. August 1801).

12^{r}–13^{v}: Abschrift eines Privilegs Friedrichs d. Gr. vom 23. Dezember 1750, durch das der Realschule gestattet wird, *wöchentlich ein Stück Zeitung von denen merkwürdigsten Sachen aus dem Reiche der Natur, der Staaten und der Wissenschaften drucken und in dem Schul-Buchladen auch sonsten öffentlich* [zu] *distribuiren* (3. August 1801).

14^{r}–15^{v}: Abschrift eines Privilegs Friedrichs d. Gr. vom 27. Februar 1764, worin der Realschulbuchhandlung das alleinige Druck- und Vertriebsrecht einiger Schulbücher zugesichert wird (3. August 1801).

16$^{r/v}$: Abschrift eines Rescripts des königlichen Oberschuldepartements vom 5. März 1793, worin festgelegt wird, in welchen preußischen Provinzen der neue Katechismus für die niederen Schulen ausschließlich von der Realschulbuchhandlung vertrieben werden darf (3. August 1801).

17^{r}–18^{v}: Abschrift der Erneuerung des Privilegs Friedrichs d. Gr. vom 23. Dezember 1750 (s. o.) vom 16. Dezember 1767 (3. August 1801).

19^{r}–21^{v}: Übersicht über das Verlagsinventar, das in den Besitz von Reimer übergeht: Bücher und *Mobilien und Ladengeräthe.*

22$^{r/v}$: Aufstellung von Aktiva und Passiva der Realschulbuchhandlung bis Ultimo Mai 1800, wobei sich ein Minus von 1325 Reichstalern ergibt.[1] 833 Reichstaler werden Reimer vergütet und mit dem Pachtzins verrechnet.[2]

23^{r}–26^{v}: Abschriften zweier Privilegien Friedrichs d. Gr. vom 17. August 1747 und 15. Juli 1760, worin das ausschließliche Recht des Drucks und des Verkaufs der sog. „Curasischen Vorschriften"[3]

---

[1] Die Berechnungsunterlagen befinden sich im Verlagsarchiv.

[2] Über die dieser Vereinbarung vorausgehenden Verhandlungen finden sich im Verlagsarchiv ausführliche Unterlagen.

[3] Es handelt sich hier um die in Kupfer gestochenen Schrift-Vorschriften des ehemaligen Schreibmeisters des Joachimsthaler Gymnasiums Hilmar Curas (1699–1747), die auf die preußische Kanzlei- und Geschäftshandschrift von großem Einfluß waren. Die letzte gedruckte Auflage erschien 1805 bei G. Reimer.

zunächst der Witwe Curas (in Erneuerung eines Privilegs Friedrich Wilhelms I. vom 12. Oktober 1714) zugebilligt und dann auf die Realschulbuchhandlung, der die Vorschriften 1760 von den Erben der Witwe Curas verkauft wurden[4], übertragen wird. – In Art. 13 der „Punctation" wird vereinbart, daß Reimer die Kupferplatten mit diesen Vorschriften für 400 Reichstaler erwirbt und den Gewinn, den er aus dem Druck und Verkauf der Vorschriften erzielt, zur Hälfte an die Erben abführt.
(fol. 27–30 leer)

Über die besonders in bezug auf die mit der Buchhandlung verbundene Wohnung strittige Auslegung des Vertrages befindet sich im Verlagsarchiv eine sich über mehrere Jahre hinziehende ausführliche Korrespondenz zwischen G. A. Reimer (dessen Briefe in Abschrift oder Konzept) und dem Kuratorium des Friedrich-Wilhelm-Gymnasiums. Diese Auseinandersetzungen führten schließlich zu einer Auflösung des Vertragsverhältnisses:

b. Vertrag über die Auflösung des Erbpachtverhältnisses zwischen dem Friedrich-Wilhelm-Gymnasium und Georg Andreas Reimer und den Kauf der Buchhandlung durch letzteren, 18. Juli 1823, gerichtliche Bestätigung des Vertrages durch das Königlich Preußische Kammergericht, 22. Dezember 1823. 4 Bll., 351 × 221 mm.

Gegen eine einmalige Zahlung von 4000 Talern an das Friedrich-Wilhelm-Gymnasium wird G. A. Reimer aus allen Pachtverpflichtungen entlassen, und die Buchhandlung geht in seinen Besitz über.

[4] Der Kaufvertrag befindet sich im Verlagsarchiv.

3

Verlag Georg Reimer: Inventur Ende 1804. 4 S., 364×228 mm.

Aufstellung der im Verlag Georg Reimer erschienenen und Ende 1804 vorhandenen Titel. Der Bestand ist in fünf „Klassen" aufgeteilt, wobei sich die Einteilung nach dem Format der Bücher richtet. Zu jedem einzelnen Titel finden sich folgende Angaben: vorhandene Stückzahl, Bogenzahl, Wert (entweder dem Geld- oder dem Papierwert – Ballen, Rieß, Buch, Bogen – entsprechend, welch letzterer dann wieder umgerechnet wird).

Einige der bekannteren Titel seien im folgenden herausgegriffen; durch einen Vergleich mit den ebenfalls vorliegenden Zahlen der Inventuren von 1805 und 1806 kann der Absatz in diesen Jahren ermittelt werden:

	1804	1805	1806
Arnims Bruchstücke	725	676	652
Schlegels span. Theater	644	612	585
Schleiermachers Predigten	122	36	648
Schleiermachers Kritik der Moral	705	619	595
Tiecks Minnelieder	401	365	349

Die „Verlags-Inventur", die auch den Papierbestand erfaßt, ist Teil einer am Ende eines jeden Jahres vorgenommenen „Übersicht des Vermögensstandes". Zu dieser gehören weiterhin Auszüge aus den Hauptbüchern für die Berliner und die auswärtigen Buchhändler sowie aus dem Hauptbuch für die „Particuliers", d. h. für die Autoren und Privatkunden, und eine Schlußbilanz.

Nahezu vollständig erhalten sind die Jahresabrechnungen der Jahre 1801–06, die ersten Jahre nach der Übernahme der Realschulbuchhandlung durch Georg Andreas Reimer also. Weiterhin vorhanden sind der Auszug aus dem Hauptbuch für Particuliers aus dem Jahre 1807 und Monatsabrechnungen aus den Jahren 1810, 1815 und 1821.

Abb. 1. Heinrich von Kleist, Kontoführung im Großen Hauptbuch II von Reimer (Nr. 4)

4

Großes Hauptbuch II von Reimer. Beginnt gegen 1810 und reicht bis Ende der 30er Jahre, z.T. spätere Nachträge (z.B. E.M. Arndt S. 594 bis 1854/55). 915 S. (alte Paginierung), 365 × 235 mm. Stark abgegriffener Halblederband, dessen Gelenke gerissen und dessen Deckel fast ganz zerstört sind. Am Schluß lose beigefügt ein altes Register (unvollständig: L–R fehlt ganz, auch sonst einige Lücken, hsl. Nachträge von Otto Neuendorff).

Aufgeschlagen (Abb. 1): Kontoführung von Heinrich von Kleist (S. 386).

Kleist hatte bei Reimer die „Erzählungen", das „Käthchen von Heilbronn" und den „Zerbrochenen Krug" herausgebracht. Das Manuskript des „Prinz von Homburg" hatte er Reimer zum Druck angeboten sowie einen Roman, „der wohl 2 Bände betragen dürfte" (Brief vom Ende Juli 1811). Dieser Roman ist bisher jedoch überall – mehrfach auch im Verlagsarchiv – vergeblich gesucht worden.

Das Konto enthält auf den beiden linken Spalten die Summen (in Talern und Groschen), die Reimer Kleist schuldete bzw. vorauszahlte; in den rechten Spalten sind diejenigen zusammengerechnet, die er ihm zahlte. Kleists Konto war bei seinem Tod (November 1811) mit einem Minus von gut 8 Talern belastet. Mit der Herausgabe seiner nachgelassenen Schriften 1821 durch Ludwig Tieck wurde das Konto ausgeglichen. (Einzelne Posten dieses Kontos tauchen auch in den Jahresabrechnungen Reimers auf [Nr. 3]).

Lit.: Sigismund Rahmer, Heinrich von Kleist als Mensch und Dichter. Berlin 1909, 388. – Helmut Sembdner, Heinrich von Kleists Lebensspuren, Erw. Neuausg. Frankfurt 1977, Nr. 367, 494, 501. – Heinrich von Kleist, Leben und Werk im Bild, hg. von Eberhard Siebert, Frankfurt 1980, Nr. 142.

Das Hauptbuch II enthält alle geschäftlichen Verbindungen und die Rechnungsführung des Verlags mit den Autoren, Kunden, anderen Buchhändlern, mit den Druckern, Papierhändlern, Kupferstechern, Buchbindern usw. Neben den bekannten Autoren des Verlags, die zum Teil in diesem Katalog vertreten sind, finden sich reiche Quellen zur Wissenschaftsgeschichte, z. B. die Theologen Schleiermacher und de Wette, die Philologen Benecke, Bekker, Böckh, Buttmann, Diez, Brüder Grimm, von der Hagen, Lachmann, Wolf, die Historiker Niebuhr und Raumer, die Philosophen Schelling und Solger sowie viele andere bekannte Namen (Boisserée, Savigny, Schinkel, Crelle, Gneisenau, Görres usw.).

Außerordentlich interessant sind die Autorenhonorare. Einerseits spiegeln sie bis zu einem gewissen Grade den ‚Marktwert' eines Autors, andererseits hängt manches auch vom Verhandlungsgeschick desselben ab. Hier nur einige wenige Beispiele: Kleist erhielt für das „Käthchen" 75 Taler (s. oben S. 24, Zeile 10), A. von Arnim für die „Gräfin Dolores" (2 Bde, 1810) 100 Taler (S. 116), Fr. L. Jahn für die „Turnkunst" (1816) 350 Taler (S. 379).

Da damals die Trennung von Verlag und Sortiment noch nicht vollzogen war, tauchen die Bücher auch anderer Verlage in den Konten auf – die Bücherkäufe bestimmter Personen lassen sich dadurch in einzelnen Fällen vollständig nachweisen (z.B. bei Schleiermacher).

Neben dem Bücherkauf erscheinen auch einige andere geschäftliche Vorgänge, die die ganze Breite des verlegerischen Einsatzes für die Autoren des Verlags zeigen: z. B. werden für August Wilhelm Schlegel 1828 *6 Spickgänse nebst Emballage* abgerechnet, 1836 nochmals ein Dutzend Spickgänse (S. 212); bei Ludwig Tieck sind zu Weihnachten 1817 Auslagen für Zuckerwerk und Wachsstöcke aufgeführt (S. 786, vgl. unten Nr. 15 b); bei Friedrich Schleiermacher werden die Kosten von 6,20 Talern *für 1 Paar casimirne Beinkleider nebst Schneiderlohn* notiert (S. 80).

Im Verlagsarchiv befinden sich des weiteren die Hauptbücher III und IV (das Hauptbuch I ist nicht erhalten), die überwiegend die 20er und 30er, bzw. die 30er und 40er Jahre abdecken. Sie entsprechen inhaltlich dem Hauptbuch II, enthalten jedoch weniger bekannte Namen.

Lit.: W. Münch, Interessantes aus einem alten Kontobuch. Sonntagsbeilage No 25 zur Vossischen Zeitung No 281 vom 18. Juni 1905.

5

Briefkopierbuch von Reimer. 1815–1841. 335 × 205 mm. 266 S. (neue Paginierung) und 38 nicht gez. leere Bll. Wenige Anstreichungen mit blauem Stift. Kopie des Briefes vom 8. Mai 1817 an Jean Paul liegt lose bei. Am oberen Rand des Buchblocks Wasserschaden, z. T. mit Pilzbefall. Stark abgegriffener Halblederband, dessen Gelenke gerissen und dessen Deckel (Pappe) weitgehend zerstört sind. Titelschild auf Vorderdeckel mit roter Beschriftung „1815–1841" aus neuerer Zeit.

Aufgeschlagen: Brief an Georg Friedrich Benecke, Professor in Göttingen, 10. Januar 1815. (S. 2)

Benecke (1762–1844), Germanist, Begründer des großen mittelhochdeutschen Wörterbuches und Herausgeber mittelhochdeutscher Dichtungen. Im Brief geht es neben dem *Unternehmen des Wörterbuches* und der *Hülfsmittel des englischen Sprachunterrichts,* wozu Reimer bei einem bevorstehenden Englandaufenthalt Aufträge Beneckes ausrichten will, vor allem um den Druck des „Edelstein" von Ulrich Boner, einer beliebten Fabelsammlung des 14. Jahrhunderts. Sie war 1461 bei Albrecht Pfister in Bamberg als erstes deutsches Buch mit Illustrationen gedruckt und seit dem 18. Jh. immer wieder ediert worden. „Aus Handschriften berichtigt und mit einem Wörterbuch versehen" erschien Beneckes Ausgabe 1816 bei Reimer.

Das Briefkopierbuch enthält die Antworten des Verlags an die Geschäftspartner, das sind die Autoren, Kunden, Kollegen, Drucker usw. Wichtige Adressaten sind Christoph Wilhelm Hufeland, Adolf Müllner, Ludwig Tieck, G. J. Göschen und Jean Paul. Jean Paul hatte 1818 bei Reimer eine stark vermehrte Neuauflage seiner zuerst 1796/97 bei Matzdorff erschienenen „Blumen- Frucht- und Dornenstücke" („Siebenkäs") herausgebracht.

6

Briefkopierbuch II von Göschen. 1817–1824. 330 × 190 mm. 340 S. (alte Paginierung), S. 139/140 herausgetrennt; einzelne Briefe u. Konzepte sind eingeklebt. Wenige Bleistiftanstreichungen aus neuerer Zeit. Altes Register zwischen S. 320/321 (unvollständig). Stark abgegriffener Halblederband, das Buntpapier der Deckel ist abgeschabt. Titelschild auf Vorderdeckel: *Copir=Buch 1817=23*, mit blauem Stift *II* nachgetragen.

Aufgeschlagen: Brief an Christian Dietrich Grabbe (S. 18).

L[eipzig] *d. 13. Aug. 1817*

Detmold, Herrn Grabbe Schüler des Gymnasiums das.[elbst]
Schlug ihm sein Anerbieten aus, und sandte ihm das Manuscript – Theodora – zurück.
lt. Brief vom 28. Juli 1817.

Grabbe war 15 Jahre alt, als er Göschen sein erstes Werk anbot (vgl. Brief vom 28. 7. 1817 in Grabbe, Werke und Briefe, hg. von Alfred Bergmann, Göttinger Akad.-Ausgabe, Emsdetten 1960–73, V Nr. 14). Es ist unbestimmt, welches Drama mit „Theodora" gemeint ist – wahrscheinlich sein Jugendwerk „Herzog Theodor von Gotland", wie die Ähnlichkeit der Namen vermuten läßt.

Das Briefkopierbuch enthält die Antworten an die Autoren, Kunden und anderen Buchhändler. Die Briefe erscheinen teils in Inhaltsangaben (wie oben bei Grabbe) oder im Wortlaut; gelegentlich ist die französische Sprache benutzt. Unter den Korrespondenten sind die bekannteren: die Dichter Friedrich Kind, Christoph Ernst Houwald und Adolph Müllner, der Sohn von Chr. M. Wieland, der klassische Philologe Friedrich August Wolf, sowie Karl Ludwig Knebel und Karl August Böttiger.

Dies ist das Briefkopierbuch II von Göschen; I befindet sich nicht im Verlagsbesitz, die folgenden sind nur fragmentarisch erhalten (s. Nr. 7). Es wurde aus dem englischen Antiquariatshandel für den Verlag zurückerworben.

7

Briefkopierbücher des Göschenverlags, Fragmente. 4 lose Teile in einem Pappdeckel. Sie bestehen jeweils noch aus mehreren, durch Heftung oder alte Klebebindung zusammenhaltende Lagen. Erste und letzte Bll. sind häufig lose.

Teil 1: 56 S. (alte Paginierung). 355 × 250 mm. Eintragungen vom 22. Juni 1837–12. Juni 1842. S. 56 leer. Wichtige Korrespondenten sind: Friedrich Kind und Christoph Ernst Houwald.

Teil 2: 28 S. (neue Paginierung). 355 × 250 mm. Register von alter Hand zu Teil 1, mit dem es ursprünglich wohl einen Band bildete.

Teil 3: 104 S. (neue Paginierung). 340 × 215 mm. Eintragungen vom 4. Mai 1868–20. Februar 1871. Alter Vermerk S. 101 unten nach letztem Eintrag: *Abgeschlossen.* S. 102–104 leer. Dieser Teil enthält viel Geschäftsverkehr, darunter sogar einen Geschäftsbericht; wichtigster Korrespondent ist Georg Herwegh (s. u.).

Teil 4: 73 S. (alte Paginierung). 325 ×210 mm. Hängt noch in altem Pappumschlag. Eintragungen vom 3. März 1871–4. April 1873. Wichtige Korrespondenten sind: Ferdinand Freiligrath, Georg Herwegh, Gottfried Keller, Heinrich Laube (betr. Grillparzer-Ausgabe), Hermann Lingg; interessant ein Auftrag an das Süddeutsche Annoncenbureau betr. Inserate für Mörike, Herwegh und Freiligrath.

Aufgeschlagen: Angebot an Georg Herwegh vom 30. November 1870 zu einer neuen Ausgabe seiner „Gedichte eines Lebendigen" (aus Teil 3, S. 88).

Ferdinand Weibert, seit 1868 Leiter des Göschenverlags, wurde von Freiligrath auf Herwegh hingewiesen und schreibt ihm: ... *Erlauben Sie uns die bescheidene Anfrage, ob es wirklich in Ihrer Absicht liegt, jene Gedichtsammlung von dem Markte verschwinden zu lassen? Sind auch einzelne Stücke für die Jetztzeit hauptsächlich für die jüngere Generation nahezu unverständlich, so ist unsere unmaßgebliche Ansicht doch, daß eine Auswahl jener Sammlung, vielleicht noch vermehrt durch neuere Gedichte, immerhin einen literarhistorischen Werth zur damaligen Zeitgeschichte, jedenfalls aber poetische Geltung auch für die Zukunft haben wird. ...*

Die neue Auflage erschien 1871; der Absatz war jedoch, wie aus dem Brief vom 24. Juli 1872 an Emma Herwegh hervorgeht (Teil 4, S. 49f), nicht gut: von der Gesamtauflage von 1150 Exemplaren waren bis dahin nur 336 Stück verkauft. Diese Auflage enthielt nur die schon gedruckten Gedichte. Der Druck der „Neuen Gedichte" wurde weiter verhandelt, auch noch nach Herweghs Tod (1875). Es kam jedoch zu keinem Abschluß, da seine Witwe nicht bereit war, der vom Verlag aus Opportunität vorgeschlagenen Trennung in ‚poetische' und ‚politische' Gedichte zuzustimmen. Die „Neuen Gedichte" erschienen 1877 in der Schweiz. Von Herwegh sind im Verlagsarchiv keine weiteren Quellen erhalten.

8

a. Johann Gottlieb Fichte (1762–1814), Brief an Georg Andreas Reimer. [Ende Februar 1801][1]. 2 S./1 Doppelbl., 186 × 115 mm.

Mein theurer Freund,

Wir haben uns, wie es scheint, nicht durchaus verstanden.

Das g a n z e Mscpt[2] *kann ich zu Anfang des März=Monats nicht liefern, habe auch dieses nie versprochen oder versprechen wollen. Mein Handelsstaat ist in zwei Sendungen ohne Widerrede censirt worden. Ich denke in künftiger Woche die erste Hälfte, und in der Mitte des Monats die zweite abzugeben.*

Das Büchlein wird etwa 8. Bogen stark, und wir müssen auch in dieser Rüksicht über die Beschaffenheit des Druks noch mündlich sprechen. – Der Laden Preis könte davon seyn 12 grsch.

---

[1] Datierung nach der Briefausgabe Fichtes von Hans Schulz, Leipzig ²1930, II Nr. 469. (Die neue Brief-Gesamtausgabe der Bayer. Akad. d. Wiss. ist noch nicht so weit erschienen.)

[2] Bezieht sich auf „Sonnenklarer Bericht an das größere Publikum über das eigentliche Wesen der neuesten Philosophie", der 1801 bei Reimer erschien.

Glauben Sie, daß, da es zugleich betrachtet werden soll, als Einleitung in die demnächst zu liefernde neue Bearbeitung der Wissenschaftslehre, eine Auflage von 3000 Exp. zu stark wäre?

Halten Sie sodann folgenden Maasstab des Honorars für billig. Wir theilen (Sie wissen auf welche Bedingungen ich mit C[3] stehe) was nach Abzug des Rabbats, und der Drukkosten, wie Papier übrig ist in 2. Theile; nehmen aber die Auflage als verkauft an, und Sie geben mir meine Hälfte gleich.

300. rt. nun, als worauf sich diese ganz ohne Zweifel erstrekt, bin ich leider im Falle noch vor Ihrer Abreise zur Messe zu bedürfen; und da müßte ich sonach wünschen zu Anfange Aprils noch 200. rt. von Ihnen, aber ganz sicher, und ohne Zertheilung, ausgezahlt zu bekommen.

Sie verzeihen, daß meine Antwort sich so lange verzogen hat,

Ihrem ergebensten

Fichte.

b. Johann Gottlieb Fichte, Verlagsvertrag mit G. A. Reimer zu den „Reden an die deutsche Nation". 3. Mai 1808. 1 S./1 Bl., 241 × 194 mm. Mit eigenh. Unterschrift Fichtes. (Abb. 2)

Der Vertrag bestimmt, daß die Reden unmittelbar, nachdem sie gehalten wurden, dem Verleger übergeben und gedruckt werden sollen. Das Honorar beträgt 8 Friedr. d'or für jede Rede; der Autor erhält 15 Freiexemplare. Die Auflage beträgt 1650 Exemplare; das Recht über weitere Auflagen behält sich der Verfasser vor, doch hat der Verlag ein Vorkaufsrecht.
Die Erstausgabe erschien 1808, Exemplar der UB/FU: 7 G 266.

Die Reden waren im Winter 1807/08 in Berlin gehalten worden. Die Bestimmung, sie unmittelbar nach dem Vortrag drucken zu

---

[3] Vermutlich Cotta, bei dem Fichte einige Werke, darunter z. B. „Der geschlossene Handelsstaat", veröffentlicht hat.

Herr Professor Fichte hat dem Buchhändler Reimer den Verlag eines zur Ostermesse 1808 erscheinenden Werkes unter folgendem Titel:

Reden an die deutsche Nation

übertragen, wobei nachstehende Bedingungen festgesetzt worden.

1) Die Reden werden gleich nachdem solche gehalten worden dem Verleger übergeben, der so viel als möglich dafür sorgen wird, daß der Druck im Laufe der nächsten Woche beendigt sei.

2) Das Honorar ist für jede Rede festgesetzt worden. Acht Fried. d'or, die nach beendigtem Abdruck für jede einzelne Vorlesung entrichtet werden.

3) Außerdem erhält Herr Verfasser 15 Freiexemplare, wovon 5 auf Velinpapier.

4) Die erste Auflage ist auf Fünfzehnhundert Exemplare bestimmt; doch gestattet der Herr Verfasser dem Verleger zum Behuf des einzelnen Verkaufs einen Ueberschuß von 150 Exempl. über jene Anzahl, so daß diese Auflage folglich 1650 Exempl. stark ist.

5) Nach dem Verkauf der ersten Auflage behält der Herr Verfasser die freie Disposition über die nächste und alle folgenden, mit der Einschränkung jedoch, daß dem gegenwärtigen Verleger, sobald er sich zur Eingehung ähnlicher Bedingungen, wie ein anderer etwa verstehen wird, das Vorkaufsrecht zusteht.

Obige Vertragspunkte sind von beiden Theilen genehmigt und zu mehrerer Bestätigung derselben ist dieser Vertrag von beiden eigenhändig unterzeichnet worden. Berlin d. 3. Maÿ 1808.

Johann Gottlieb Fichte.

lassen, steht im Zusammenhang mit den Vorschriften der Zensurbehörde. Diese war für die in der Kurmark erscheinenden theologischen und philosophischen Schriften das Oberkonsistorium. Nach Bekanntwerden der ersten Rede wagte das Oberkonsistorium nicht, das Imprimatur zu verweigern, verlangte jedoch, daß ihm die gesammelten Reden zur Zensur vorzulegen seien, da es sich hier eigentlich nur um eine Publikation handele. Reimer und Fichte unterliefen nun diese Vorschrift, indem sie die erste Rede nicht druckten, die nächsten jedoch im Sinne der staatlichen Gesetze als selbständige Veröffentlichungen betrachteten, druckten und an die Zuhörer gaben. Als Buch erschienen die Reden erstmals in dieser Ausgabe, nachdem am 9. Mai das Imprimatur erteilt worden war. (Max Lehmann, Fichtes Reden an die deutsche Nation vor der preußischen Zensur, in: Ders., Historische Aufsätze und Reden, Leipzig 1911, 200–214. Zum weiteren Verbot der „Reden" während der Demagogenverfolgung vgl. Preuß. Jahrbücher 44 [1879] 4 f.)

Im Verlagsarchiv befinden sich außerdem noch die Verlagsverträge zu Fichtes „Anweisung zum seeligen Leben" (1806) und „Charakteristik des Zeitalters in 17 Vorlesungen" (1808); des weiteren ein Begleitbrief (Schulz, Briefausg. Nr. 486) nebst Verlagsvertrag zum Manuskript seines Schülers Karl Dresler „Über das Verhältnis des Rechts zum Gesetze", das 1803 bei Reimer erschien.

Abb. 2. J. G. Fichte, Verlagsvertrag zu den „Reden an die deutsche Nation" von 1808 (Nr. 8b)

9

Christoph Wilhelm Hufeland (1762–1836), Verlagsvertrag zum „Journal der practischen Arzneykunde und Wundarzneykunst" und zur „Bibliothek der practischen Heilkunde", 12. November 1814. 3 S., 350 × 217 mm; Siegel und eigenh. Unterschriften Hufelands und Reimers.

Der Vertrag bestimmt, daß monatlich jeweils ein Heft erscheinen soll, das „Journal" mit einem Umfang von 8 Bogen, die „Bibliothek" von 4 Bogen. Sämtliche Kosten übernimmt der Verleger, der zudem *verspricht, für ein anständiges Äußeres die möglichste Sorgfalt anzuwenden.* Als Honorar wird für das „Journal" die Summe von 1700 Reichstalern p. a., für die „Bibliothek" von 500 Reichstalern vereinbart. Hufeland schließlich *macht sich verbindlich, diesen Contract so lange bestehen zu lassen, als der Verleger seine Obliegenheiten treu und richtig erfüllt.*

Außerdem erwirbt Reimer alle Bestände der bis dahin erschienenen Bände des „Journals" und der „Bibliothek" für eine Summe von 1500 Reichstalern.

Zusatzvereinbarung vom 30. Januar 1815: Reimer erwirbt von Hufeland für insgesamt 900 Reichstaler dessen *sämtliche übrigen eigenen Verlagswerke ohne alle Ausnahme ... als gänzlich freies Eigentum.*

Das „Journal" und die „Bibliothek", die seit 1795 bzw. 1799 zunächst in der Academischen Buchhandlung in Jena erschienen, wurden bereits seit 1809 von Reimer verlegt. Dieser war in einen Vertrag eingestiegen, den Hufeland für den Verlag seiner Zeitschriften 1804 mit dem Berliner Buchhändler Wilhelm Ludwig Wittich geschlossen hatte. Da dieser Hufeland bis 1809 über 5100 Reichstaler schuldig geblieben war, wurde das Vertragsverhältnis gelöst, und Reimer trat *in alle Rechte und Verpflichtungen* dieses Vertrages ein. – Es befindet sich allerdings im Verlagsarchiv eine Erklärung Hufelands vom 21. Januar 1813, worin er *den Debit* [d. h. den Verlag] *des laufenden Jahrgangs 1813 und 14 des Journals und der Bibliothek (Herrn Wittich) übertragen* hat. Der ausgestellte Vertrag soll also ganz offensichtlich den mit Wittich am 15. November 1804 geschlossenen Vertrag, in den Reimer eingetreten war, ersetzen und für den Verlag der Zeitschriften eine eindeutige Rechtsgrundlage schaffen.

Exemplar der UB/FU: Journal der practischen Arzneykunde ... in Commission der Realschulbuchhandlung Bd. 29 (1809): 4 RH 462–29.

Im Verlagsarchiv befinden sich neben dem Entwurf dieses Vertrages und einer Abschrift vom 22. September 1836: Verträge zur „Praktischen Übersicht der vorzüglichsten Heilquellen Deutschlands" (9. März 1815, mit Entwurf) und für die 2. Aufl. der Schrift „Über die Natur der Skrofelkrankheit" und die 3. Aufl. von „Über die Natur der Armenpharmacopoe" (8. Dezember 1817). Weiterhin finden sich 7 Briefe von Hufeland (1823–33), 3 Briefkonzepte Reimers, 8 Quittungen sowie ein Brief Reimers an Hufeland vom 1. Oktober 1833, den letzterer mit einer Antwort versehen und urschriftlich zurückgesandt hat. Schließlich bezeugen auch sehr umfangreiche Eintragungen in den Hauptbüchern II (S. 104–113, s. o. Nr. 4) und III (fol. 18^r–20^v) die engen Geschäftsbeziehungen Reimers mit Hufeland.

10

August Wilhelm Schlegel (1767–1845), Brief an Georg Andreas Reimer. Paris, 14. April [1817]. 6 S./3 Bll., 182 × 117 mm.

Der Brief behandelt überwiegend die Shakespeareübersetzung Schlegels. Bis 1801 waren 16 Shakespearestücke in seiner Übersetzung bei Unger erschienen, 1810 folgte noch Richard III., dann stockte die Arbeit; Schlegel geht hier auf die Gründe ein:

Über den Shakspeare will ich Ihnen ganz offenherzig antworten. Ich habe niemals den Vorsatz aufgegeben, meine Übersetzung zu vollenden, aber es ist eine Arbeit, wobey fortgehende Übung u. ununterbrochne Beschäftigung damit die Leichtigkeit unglaublich ver-

mehrt. Als ich recht im Zuge war, habe ich oft ein ganzes Stück in einem Monate, mehrmals in einigen Wochen zu Stande gebracht. Wie viel Zeit mir hingegen Richard III gekostet, den ich stückweise nach langer Unterbrechung übersetzt, das kann ich gar nicht berechnen. Schon vor etwa 18 Jahren kam die Sache zuerst ins Stocken, durch meine Entzweyung u. den daraus erfolgten Prozeß mit Unger. Der gute Unger that nachher alles, um unser Verhältniß wieder ins gleiche zu bringen, und wünschte die Fortsetzung lebhaft; aber nun war ich mit andern Arbeiten beschäftigt, mit meinen Vorlesungen, dem Calderon, den Blumensträußen pp, u. kam in Berlin nicht wieder dazu. Im Auslande rückten mir häufige Reisen, gesellschaftliche Zerstreuungen, nachher die politische Krise die Sache immer mehr aus dem Gesicht, u. nur durch vieles Andringen erlangte Madame Unger die Vollendung Richard des dritten.

Dazu kommt nun ein andrer Umstand. Mit dem Vorrücken des Lebens habe ich mich der Poesie mehr entfremdet, u. meine herrschende Neigung, ja Leidenschaft ist wissenschaftliches Forschen geworden. Ich möchte gern noch, wenn mir der Himmel Leben u. Gesundheit verleiht, ein u. das andere Original-Werk vollenden, das meinen Namen als Denker u. Forscher auf die Nachwelt brächte. Am Shakspeare ist weder für meinen Ruhm noch meine Wissenschaft etwas zu gewinnen. Wie gesagt, bestimmt aufgegeben habe ich es niemals, aber meine ganze Lage, selbst die Entfernung vom deutschen Boden, ist dagegen. Wenn irgend eine Veränderung in meinen Verhältnissen einträte, wenn ich nach Deutschland zurückkehrte um ganz als Schriftsteller zu leben, so könnte ich den Überrest der Werke Shakpeare's vielleicht in sehr kurzer Zeit vollenden, aber dazu sehe ich für jetzt nicht die mindeste Wahrscheinlichkeit.

Schlegel geht dann auf die angekündigte (und 1818–1829 erschienene) Shakespeareübersetzung von Johann Heinrich Voß und seinen Söhnen ein. Er äußert Mißstimmung gegenüber dem deutschen Publikum, das seine Werke nicht genügend achte und fährt fort:

Übrigens bestimmt die Liebe zur Wissenschaft weit mehr meine Thätigkeit, u. selbst die Ausbreitung meiner Studien ist der Voll-

endung neuer Werke hinderlich. Ich habe mich Jahre lang mit der Untersuchung über die Nibelungen u. die Deutsche Heldendichtung überhaupt beschäftigt, u. darüber die reichhaltigsten Materialien beysammen; es fehlt nur an der Ausführung. Den vorletzten Winter ergab ich mich in Toscana den Etruskischen u. überhaupt Italischen Alterthümern; in meiner Beurtheilung des Niebuhrschen Werkes habe ich einiges vom Ertrage meiner Forschungen gegeben. Diesen Winter habe ich fast ausschließlich der Indischen Sprache gewidmet, u. ich darf sagen, bedeutende Fortschritte darin gemacht. Wie bald ich aber über diese mannichfaltigen Gegenstände Werke ans Licht stellen werde, kann ich noch nicht bestimmen. ...

Ludwig Tieck nahm sich später mit Zustimmung Schlegels (Brief vom 24. November 1819, in: Briefe von und an A. W. Schlegel, hg. von Josef Körner, 2 Bde, Zürich/Leipzig 1930, Nr. 254) der noch nicht übersetzten Stücke an. Die Ausgabe war, nach langem und dornenreichem Weg (vgl. Reimers Briefe an Schlegel ebd. II 207f), 1833 endgültig vollendet.

Abdruck in: Litterarische Mitteilungen. Festschrift zum 10jährigen Bestehen der Litteraturarchivgesellschaft in Berlin, Berlin 1901, 26–30.

Im Verlagsarchiv befinden sich des weiteren ein Schuldschein Schlegels über 7 Friedr. d'or und eine Notariatsurkunde von 1845 betreffend die Herausgabe des literarischen Nachlasses durch Eduard Boecking.

11

Reimer im Verdacht der Demagogie

Die 1819 im Anschluß an die Ermordung des Dichters August von Kotzebue durch den Studenten Karl Ludwig Sand einsetzende Demagogenverfolgung traf, wie viele andere unbescholtene Bürger, auch Reimer. Während er auf Reisen in der Schweiz war, wurden am 11. Juli 1819 in seinem Haus und Laden Papiere, Briefe und Geschäftsunterlagen beschlagnahmt; trotz aller Bemühungen sind sie ihm nie zurückgegeben worden. Aus den Quellen des Verlagsarchivs sind einige Dokumente ausgewählt.

Das Quellenmaterial gehört an sich zum alten Reimerschen Archivbestand; die beiden folgenden Briefe von Gentz an Pilat (Nr. 11a und b) wurden jedoch erst Anfang dieses Jahrhunderts von W. de Gruyter aus dem Münchener Antiquariatshandel für das Archiv erworben.

Aus der umfangreichen Literatur sei hier einiges ausgewählt: Heinrich von Treitschke, Deutsche Geschichte im 19. Jh. Leipzig [3]1886, II 540ff. – Ders., Aus der Zeit der Demagogenverfolgung, in: Preuß. Jahrbücher 44 (1879) 1–7. – Hermann Reimer, G. A. Reimer. Erinnerungen aus seinem Leben insbes. aus der Zeit der Demagogen-Verfolgung. Berlin 1900. – Theodor Roller, G. A. Reimer und sein Kreis. Berlin 1924.

a. Friedrich von Gentz (1764–1832), Brief an Josef Anton v. Pilat[1], Karlsbad, 8. August 1819. 8 S./4 Bl., 228 × 180 mm.

... Den Beobachter lese ich stets mit der größten Pünktlichkeit. Schleyermacher war nie arretirt (obschon er es über und über verdient hat!) und Görres ist nicht unter Polizeyaufsicht gesetzt. – Laßen Sie diese uncorrekten Nachrichten indeß nur immer laufen. Alle diese Leute haben viel, viel Böses gestiftet. Reimer scheint eine Haupt-Person in den Complotten gewesen zu seyn[2]. *Wenn Sie alles wüßten was ich weiß, würden Sie die Reden der Menschen, die die Preuß. Regierung anklagen, wohl zu Boden schlagen können. Es wird aber mit der Zeit alles ans Licht kommen. ...*

Abdruck dieses und des folgenden Briefes in Gentz, Briefe an J. A. von Pilat, hg. von K. Mendelssohn-Bartholdy, 2 Bde, Leipzig 1868; der des zweiten Briefes auch bei H. Reimer, a.a.O. 38ff.

---

[1] Josef Anton von Pilat (1782–1865), Privatsekretär des Fürsten Metternich, redigierte von 1811–1848 den „Österreichischen Beobachter“.

[2] Gentz hatte früher in freundschaftlicherer Beziehung zu Reimer gestanden, der ihm einmal aus finanziellen Schwierigkeiten geholfen hatte. Damals schrieb er an Reimer (Brief aus Dresden vom 31. Januar 1803, im Verlagsarchiv): ... *Und kann ich früher oder später Ihnen auf irgend eine thätige, auf irgend eine für Sie vortheilhafte Weise, meine Dankbarkeit für Ihr edles Vertrauen zu mir beweisen, und einigermaßen gut machen, was ich Ihnen, durch die unüberwindliche Gewalt der Umstände gezwungen, geschadet habe, so soll Niemand dazu bereiter, williger, und freudiger seyn, als Ihr sehr ergebener Gentz.*

b. Friedrich von Gentz an Josef Anton v. Pilat, Bad Gastein, 10. August 1820. 9 S./5 Bll., 215 × 170 mm.

... Gestern hatte ich hier eine seltsame Erscheinung, wovon ich Ihnen Bericht abstatten muß. Zwischen 5 und 6 Uhr Abend meldet man mir, den Doctor Reimer aus Berlin, der, mit noch einem jungen Manne, mir aufzuwarten wünsche. Ich glaubte es sey ein Sohn des bekannten Reimer, und leugne Ihnen nicht, daß sofort alle Sands[1]*, u. Löhnings*[2] *von Nord Deutschland vor meinem Gemüth standen. Da die beyden Menschen schon im Nebenzimmer waren, so blieb Anstands halber nichts übrig als sie kommen zu lassen. Hierauf trat ein der berühmte Herr Buchhändler in höchst eigner Person, nebst einem ziemlich jungen, und sehr häßlichen Dr. de Wette, vermuthlich einem Sohne des berüchtigten Professors*[3]*. Sie waren auf einer Fußreise zu Mittag hier angelangt, hatten das Naßfeld besehen, und wollten noch am selben Abend ihren Rückmarsch nach Hof-Gastein antreten, von wo sie dann über Salzburg, Linz und Prag nach Berlin zurückkehren. Der Besuch, dessen eigentliches Motiv ich nicht begründen konnte, und noch nicht begreifen kann, setzte mich in einige Verlegenheit, die ich aber unter einer sehr höflichen Aufnahme so gut es gehen wollte, verbarg. ...*

... Ich fragte, ob ihre Gesellschaft zahlreich sey, und erhielt zur Antwort, sie wären jetzt noch ihrer Sieben, wovon Drey mir genannt, die übrigen vielleicht aus Schonung verschwiegen wurden. Die Genannten waren Doctor Jung[4]*, Doctor Röder*[5] *und ein gewisser Hr.*

---

[1] Karl Ludwig Sand (1795–1820), Theologiestudent, ermordete 1819 den Dichter August v. Kotzebue aus politischen Motiven.

[2] Der Apotheker Löhning unternahm 1819 einen Mordanschlag auf den nassauisch-usingischen Regierungspräsidenten Karl Ibell.

[3] Es war der Theologieprofessor Wilhelm Martin Leberecht De Wette (1780–1849) selbst; dieser hatte an die Mutter Sands einen Trostbrief geschrieben und verlor daraufhin seine Professur an der Berliner Universität.

[4] Dr. med. Karl Gustav Jung aus Mannheim, der im Hause Reimer wohnte, am 10. Juli 1819 verhaftet worden war und längere Zeit in der Stadtvogtei festgehalten wurde.

[5] Dr. phil. Georg Ludwig Rödiger; er wurde zusammen mit Jung in Reimers Haus verhaftet und ebenfalls längere Zeit gefangen gehalten.

v. Forstner[6]*, der, wenn ich nicht sehr irre, einer der Helden- und Geschichtsschreiber des Befreyungskrieges war. Als ich diese Nahmen hörte, wurde mir sonderbar zu Muthe. Indessen nahm ich meine Partie, und setzte das Gespräch ruhig fort. Es fiel, ich weiß nicht wie, auf die Handels-Verhältnisse zwischen den Bundesstaaten, dann auf die Preuß. Finanz-Verwaltung, und Steuer-Systeme überhaupt. Es dauerte, Gottlob, nur eine halbe Stunde. Jedes Wort, welches die Unholde sprachen, verrieth den innern Grimm gegen alles Bestehende, und ihre hochmüthigen Projekte, alles neu zu schaffen. Von eigentlicher Politik hielt ich sie strenge entfernt; und auf die Frage, ob ich keine neue Nachrichten aus Italien hätte, antwortete ich kurz u. trocken mit Nein! – Als sie fort waren, konnte ich mich nicht enthalten, Gott zu danken, daß ich mit dem Leben davon gekommen war; denn mehr als einmal kam mir der Gedanke, sie würden Dolche oder Pistolen aus der Tasche ziehen. ...*

Daß übrigens eine ganze Gesellschaft solcher notorischen Umtriebler, wovon wenigstens die Hälfte noch vor sechs Monaten eingesperrt oder flüchtig war, unsre Provinzen in allen Directionen frey durchstreifen dürfen, scheint mir doch eine bedenkliche Sache; und besonders zu Fuß, wo alle Controlle aufhört, und wo sie in den abgelegensten Winkeln der Monarchie treiben können, was ihnen beliebt. ...

Der Kampf gegen die Beschlagnahme der Reimerschen Papiere begann unmittelbar am Tag nach der Polizeiaktion. Am 12. 7. 1819 hatte der Rechtsbeistand der Familie, Justizkommissar Krause, eine Eingabe an das Staatsministerium gerichtet (abgedr. in: Jahrb. f. die Gesch. Mittel- und Ostdeutschlands 16/17 [1968] 326–329; Antwort darauf bei H. Reimer, a.a.O. 32ff). Ein Schreiben des Staatskanzlers v. Hardenberg an Reimer vom 19. Juli 1820 (im Verlagsarchiv vorhanden) begründet die getroffenen Maßnahmen wie folgt: *Ew. Wohlgeboren Umgang und Bekanntschaft mit verschiedenen wegen der obengedachten Tendenzen [gegen die bestehende Verfassung und innere Ruhe der deutschen Staaten gerichtete revolutionaire*

[6] Gemeint ist Friedrich Foerster (geb. 1793), Dr. phil. und Leutnant, Verfasser historischer und patriotischer Schriften.

Umtriebe und demagogische Verbindungen] zur Untersuchung gezogenen Individuen, und einige andere Umstände, welche sich ergaben, machten in Gemäßheit jenes allerhöchsten Befehls, die im vorigen Jahre vorgenommene Beschlagnahme Ihrer Papiere ... erforderlich.

c. Friedrich Wilhelm III., König von Preußen, Kabinettsorder. Berlin, 1. September 1819. 1 S./1 Bl., 267 × 209 mm. Adresse am unteren Briefrand links: *An den Buchhändler Reimer.* (Abb. 3).

Ihre Beschwerde über die Beschlagnahme Ihrer Papiere ist ganz ungegründet. Ich habe Mich nach erfordertem Bericht überzeugt, daß der Verdacht gegen Sie diese Maaßregel völlig rechtfertigte und daß sie mit möglichster Schonung vorgenommen wurde. Sie haben sich also dabei zu beruhigen und zu erwarten daß völlig gesetzlich in dieser Angelegenheit verfahren werden wird.
Berlin den 1ten September 1819 *Friedrich Wilhelm*

d. Georg Andreas Reimer, Entwurf eines Gesuchs an König Friedrich Wilhelm III. 1822/23. 3½ S./1 Doppelbl., 230 × 170 mm.

Es sind bereits mehr als 3 Jahre verstrichen, seit ich mit dem vollsten auch jetzt und immerdar ungeschwächten Vertrauen auf die Gerechtigkeitsliebe S. Majestät meines Huldreichen Herrn mein Gesuch um Hülfe und Schutz wegen erlittener Gewalt und unverdienter Schmach vor die Stufen des Throns niederzulegen wagte. Allein meine Widersacher wußten zu jener Zeit durch unlautere Berichte, wie ich voraussetzen darf, meine gerechte Sache zu entstellen, und so ward mir von S^r. Majestät ein ungünstiger Bescheid und der Befehl mich ruhig zu verhalten und die weitere Entscheidung abzuwarten. Ein hierauf gewagter neuer Versuch S^e Majestät von meiner Unschuld und der Unrechtmäßigkeit der gegen mich ergangenen thätlichen Verfolgung und unerlaubten Gewalt zu überzeugen fand aus eben dieser Ursache, wie ich glauben muß, keine Berücksichtigung. Seitdem habe ich gehorsam dem höchsten Willen des Königs keinen weiteren Schritt zu thun gewagt.

Ihre Beschwerde über die Beschlagnahme Ihrer Papiere, ist ganz ungegründet. Ich habe Mich, nach erfordertem Bericht, überzeugt, daß der Verdacht gegen Sie diese Maaßregel völlig rechtfertigte und daß sie mit möglichster Schonung vorgenommen wurde. Sie haben sich selbst dabei zu beruhigen und zu erwarten daß völlig gesetzlich in dieser Angelegenheit verfahren werden wird. Berlin den 1ten September 1819.

Friedrich Wilhelm

An den Buchhändler Reimer.

Da nun aber Jahre verstrichen sind und inzwischen auch nichts geschehen ist um die Schmach welche meiner bürgerlichen Ehre angethan worden zu tilgen, halte ich mich nicht nur für berechtigt, sondern auch für verpflichtet meine flehentliche Bitte zu erneuern – und ich richte diese um so zuversichtlicher an Eure K. H. als ich, bei dem Gefühl eines unbefleckten Gewissens, nur Gerechtigkeit und nicht Gnade in Anspruch zu nehmen beabsichtige.

Ich will Ew. Königl. Hoheit Geduld nicht ermüden mit Aufzählung aller Umstände welche die gegen mich verübte Gewaltthat begleiteten, und richte deshalb mein gehorsamstes Gesuch dahin [daß] *H*[öchst] *D*[ieselbe] *geruhen mögen die Vorlegung der sämmtlichen verhandelten Akten und meiner früheren an S^e^ Majestät gerichteten gehorsamsten Eingaben anzubefehlen. Eine einfache Darstellung sei mir erlaubt.*

Im Jahr 1819 befand ich mich auf einer Reise, welche ich im Juni angetreten hatte, und war noch abwesend, als am 11. Juli, an einem Sonntage, Nachmittags um 2 Uhr, beym Beginn des Gottesdienstes, mein Haus von einer Anzahl von Männern überfallen wurde, man besetzte alle Eingänge, und stellte Gens d'armes mit gezogenen Säbeln auf, die jedermann selbst Kindern den Ein- und Ausgang verwehrten. Man verfuhr dabei, der Entweihung des Sonntags nicht zu gedenken, ohne alle Schonung, selbst gegen meine hochschwangere Frau. Es wurde alles durchsucht, in meiner Wohnung, auch meine Handlung und Buchdruckerei, und demnächst alle Gemächer und Behältnisse, welche Briefschaften und Papiere enthielten, bis auf weiteres unter Siegel gelegt. Bei der hierauf erfolgten Entsiegelung untersuchte man nicht nur alle meine eigenen Privat- und Geschäftspapiere und nahm hinweg, was man zweckdienlich glaubte, sondern auch alle Briefe meiner Frau bis auf die geringsten Zettel, weil man auch dieser sträfliche Absicht beimaß.

Abb. 3. Kabinettsorder Friedrich Wilhelms III. vom 1. 9. 1819 (Nr. 11c)

Die bei meiner Rückkehr bei des Königs Majestät über diese eben so grausame als unverdiente Behandlung erhobene Beschwerde fand, wie bereits erwähnt, zu meinem größten Schmerz nicht den gehofften Eingang, und ein gleiches Schicksal hatten die an den Staatskanzler an das Staatsministerium und an andere Staatsbehörden gerichteten Gesuche ungeachtet ich nirgends etwas anderes zu erlangen wünschte, als was auch dem gröbsten Verbrecher nicht versagt wird: eine bestimmte Anklage und das Recht mich dagegen zu vertheidigen. Selbst das unterm 11. August 1819 von Seiten der Untersuchungs-Commission verheißene genaue Verzeichniß der hinweg genommenen Papiere wurde mir am 22. September desselben Jahres, wie es hieß aus bewegenden Gründen mitzutheilen verweigert.

Endlich nach Verlauf von 9 Monaten am 15. April 1820 wurde ein Termin zu meiner Vernehmung vor dem Assessor Kaiser anberaumt. Die mir von demselben vorgelegten ihm vorgeschriebenen Fragen waren ihrem Inhalt nach so unbedeutend, daß es zum Erstaunen auffordert, wie ernste Männer einer unter so schreiender Verletzung des Eigenthums, der persönlichen und bürgerlichen Freiheit und der Gesetze begonnene Handlung solche ohne Beschämung konnten folgen lassen. Sie betrafen theils unerhebliche eigene Verhältnisse, theils Erläuterungen aus den Briefen von Freunden, die man mir abfoderte; nur ein einziger meiner eigenen Briefe, soviel mir erinnerlich ist wurde mir vorgelegt, und dieser enthielt nichts, was ich in einer freundschaftlichen Mittheilung nicht jederzeit sagen zu dürfen glauben kann, wie ich auch zu Protokoll erklärte. Späterhin wurde ich vom damaligen K[ammer] *G*[erichts] *R*[at] *Kuhlmeyer und letztlich am 4.ten Juni 1821 vom K. G. R. v. Gerlach über gleich unbedeutende Gegenstände vernommen, ohne daß seit dem etwas weiteres erfolgt ist.*

Ungeachtet nun der Inhalt meiner Papiere in ihrem Gesammtzusammenhange, wie ich selbst am sichersten weiß, nichts enthalten kann, was nur eine entfernte Anklage gegen mich begründet, und daher diejenigen welche mich verfolgen die schlagendsten Beweise meiner Unschuld in Händen haben, sind sie doch weit entfernt mir öffentliche Genugthuung zu geben, wie sie mir öffentliche Schmach anthaten; ja sie verfolgen mich vielmehr hier und an andern Orten mit Nachstellungen und Verleumdungen. So ist alles menschliche Gefühl von ihnen gewichen, und der anfangs vielleicht in [?] möglicher Weise aus verzeihlichem Irrthum begangene Schritt wird dadurch zum empörendsten Verbrechen gesteigert; denn niemand ist straffälliger vor Gott, als welcher anvertraute Gewalt wider Gewissen zur Unterdrückung oder Kränkung schuldloser Mitmenschen mißbraucht.

Es sei mir erlaubt hier noch einiges anzuführen über die Ansichten aus welchen die dermaligen Verfolgungen hervorgingen und über die Grundsätze nach welchen man dabei verfuhr. Es ist mehrmals von solchen, welche an der Spitze dieses Systems stehen gesagt worden: „es handle sich nicht von thätlichen sondern von Verschwörungen der Gesinnungen", was an sich aber so unklar als in sich widerstreitend ist. Denn für den Inhalt seiner Gesinnungen ist jedermann nur Gott und seinem Gewissen verantwortlich, und es kann dieser unter keiner Bedingung ein Gegenstand obrigkeitlicher Untersuchung und richterlicher Strafe werden. Denn das Gesetz kann nur die Anwendung finden, wo entweder die That vollbracht ist oder eine strafwürdige Absicht der Begehung nachgewiesen werden kann.

Von solchen Vorsätzen aber weiß ich mich frei, wie ich hier vor E[uer] *K*[öniglichen] *H*[oheit] *eben so treu und wahr bekenne, als ich es dermaleinst vor dem höchsten Richter zu thun bereit bin, ja ich finde den Zustand der Anarchie und zügellosen Willkür, den man zu befürchten scheint, viel fluchwürdiger und verderblicher, als den doch immer geregelten der grausamsten Tirannei. Allein ich halte es für kein Verbrechen über Mängel und Irrthümer in der Verwaltung öffentlicher Angelegenheiten zu reden, da selbst das Gesetz die bescheidene Rüge und das Gesuch um Abstellung wie billig erlaubt, indem der Unterthan eher als der Regent zu fühlen im Stande ist, wo die Einrichtungen drückend werden, die Mittel der Erleichterung aber gehorsam der weltlichen Obrigkeit anheim stellen muß. Die freie Ueberzeugung aber, die von Gott verliehen ist, darf niemand zurück halten ohne dem höchsten Richter mißfällig zu werden, vor dem Heuchelei und Lüge die gröbsten Verbrechen sind.*

e. Georg Andreas Reimer, Entwurf eines Schreibens an das Preußische Staatsministerium, 1825. 1 S./4 Bll., 340 × 210 mm.

In der, wie ich glaube gegründeten Voraussetzung, daß die Untersuchung über die auf Störung der öffentlichen Ruhe gerichteten Verbindungen in Deutschland, wenn auch vielleicht nicht völlig geschlossen, doch dahin gediehen sei um den scheinbaren Verdacht, welcher sich in den in dieser Beziehung gegen mich ergriffenen Maaßregeln wider mich kund gab, als völlig grundlos zu beweisen, erlaube ich mir Einem Hohen Ministerium folgendes gehorsamste Gesuch vorzutragen.

Es sind nun fast 6 Jahre verstrichen, seitdem nicht nur durch die mit der größten Öffentlichkeit vollzogene Beschlagnahme meiner Papiere meine bürgerliche Ehre gekränkt wurde, sondern auch in den verschiedenen Verfügungen der in den Untersuchungssachen angestellten Behörden, in mehreren Zuschriften des Fürsten Staatskanzlers, ja in einem Kabinetsschreiben S^{r}. Majestät selbst ist zwar Verdacht als vorhanden ausdrücklich ausgesprochen, aber zugleich auch, wie es die Gerechtigkeitsliebe Milde und Weisheit aller, besonders S^{r}. Majestät erwarten ließ, ist mir neben Verweisung zur Ruhe, eine der Lage meiner Sache und dem Recht angemessene Entscheidung verheißen worden. Dieser und der bei dem Gefühl eines schuldfreien Gewissens daraus nothwendig hervorgehenden völligen Rechtfertigung habe ich bisher mit gespannter Erwartung, jedoch vergeblich entgegen gesehen. ...

12

Ernst Moritz Arndt (1769–1860), zwei Briefe an Georg Ernst Reimer. a. Bonn, 19. Dezember 1853. 2 S./1 Bl., 207 × 165 mm. b. Bonn, 21. Dezember 1853, 2 S./1 Bl., 207 × 167 mm.

Arndt kündigt einen 5. Teil seines Buches „Geist der Zeit“ an, das von 1806–1818 in vier Teilen erschienen war:

... Es ist, glaub' ich, mit genug Ruhe des Alters und ohne persönliche Namen und Erbitterungen geschrieben, wird freilich von Manchen mit Verdruß gelesen, aber wohl nur von Österreich als ein feindliches Buch angesehen werden; denn es ist eigentlich ein Schutz- und Hoffnungsbuch für Preußen, ohne daß dessen Schwächlichkeit der jüngsten Jahre vertuscht sind ...

Der nächste Brief folgt zwei Tage später, Arndt schreibt nun:

... Es ist eine Art Schutzschrift für Deutschland und Preußen, deßen jämmerliche Erbärmlichkeit der letzten Jahre freilich nur angedeutet werden durfte. Deswegen muß das Buch den doppelten Titel führen:

Geist der Zeit 5er Thl
oder
Pro populo germanico

(mit Erinnerung an des großen Engländers Milton pro populo anglicano) Gebe Euch Gott ein fröhliches Fest! Grüße Alles viel tausend Mal von uns, insonderheit mein Muserömchen[1] und den Vater Sethe.

In deutscher Treue
Dein EMA

Bonn in den kürzesten Tagen von 1853

Das Buch erschien 1854 unter dem Titel „Pro populo germanico“, Reimer hat sich offensichtlich mit seinen Einwänden gegen die zunächst von Arndt in Aussicht genommene Titelfassung durchgesetzt.

Im Verlagsarchiv befinden sich 12 Briefe an Georg Ernst Reimer aus den Jahren 1853–55. Sie betreffen die Publikation von „Pro populo germanico“ und private Sorgen um einen in Berlin studierenden Sohn. Abdruck der Briefe in Arndt, Briefe, hg. von Albrecht Dühr, 3 Bde, Darmstadt 1972–75 (die obigen Briefe Nr. 1446 und 1447). Für die sehr enge Freundschaft zwischen Arndt und Georg Andreas Reimer sind keine Zeugnisse mehr vorhanden (s. oben die Einleitung).

---

[1] Adelheid Reimer.

13

Wilhelm von Humboldt (1767–1835), Verlagsvertrag zu seinen „Gesammelten Werken". 13. Dezember 1839. 4 S./1 Doppelbl., 338 × 214 mm. Mit eigenh. Unterschrift von Alexander von Humboldt und Georg [Andreas] Reimer.

Der Vertrag regelt in 10 Paragraphen die Ausgabe der gedruckten und ungedruckten Schriften Wilhelm von Humboldts unter der Leitung seines Bruders und der Mithilfe von Carl Brandes. Alexander von Humboldt verzichtet auf ein Honorar, er *behält sich nur die freie Verfügung über einen gewissen Antheil an dem aus dem Unternehmen sich später etwa ergebenden Gewinn vor:* der Verkauf von 300 Exemplaren soll zur Deckung der Verlagsunkosten dienen, von jeden weiteren 100 verkauften Exemplaren sind 200 Taler Courant für einen *Unterstützungs-Fonds für junge Gelehrte* bestimmt – ein weiterer Beleg für die bekannte großzügige und selbstlose Förderung unbemittelter Wissenschaftler durch Alexander von Humboldt.
Die Ausgabe erschien 1841–1852 in sieben Bänden. Exemplar der UB/FU: 18/74/77706.

Im Verlagsarchiv befindet sich ein Entwurf zu einem Verlagsvertrag von 1838 und eine Quittung bezüglich einer in der Ausgabe abgedruckten Briefsammlung (s. Nr. 14a, Anm. 4).

14

a. Alexander von Humboldt (1769–1859), Brief an Georg Ernst Reimer. Potsdam, 3. November 1844. 1½ S./1 Doppelbl., 217 × 137 mm.

Der Name den Sie tragen[1] *lässt mich vertrauungsvoll hoffen, daß meine Bitte da sie das ruhmvolle Andenken meines Bruders betrift*

[1] Georg Andreas Reimer, mit dem Humboldt den Vertrag zu den Werken seines Bruders Wilhelm geschlossen hatte, war 1842 gestorben. Ihm folgte sein Sohn Georg Ernst Reimer, der hier angesprochen wird.

Ihnen nicht lästig sein wird. Ich wünschte so sehr ehe ich Deutschland (in etwa 3 Wochen) verlasse[2] *einige Gewißheit über die Herausgabe des 5ten Bandes von Wilh. von Humboldts gesammelten Schriften* [zu] *haben. Da wegen Cotta keine Hofnung für die schon gedrukte Correspondenz mit Schiller ist*[3], *so habe ich das lebhafteste Interesse für die Correspondenz mit Wolf die in Dr Körte's Händen und von meinem Bruder ganz durchcorrigirt ist*[4]. *Es würde mich unendlich erfreuen, wenn Ew Wohlgb wie mir Ihr edler Her Vater die Hofnung dazu gab, mit einiger Geldaufopferung die Acquisition des Manuscripts beschleunigen könnten.*

Mit der ausgezeichnetsten Hochachtung habe ich die Ehre zu verharren

Ew Wohlgb
gehorsamster
Potsdam den 3 Nov. 1844 *AlHumboldt*

Humboldt, der unendlich viele Briefe schrieb (man rechnet mit 35 bis 50tausend), ging beim Schreiben mit großer Ökonomie vor, indem er z.B. oft Doppelkonsonanten nur einfach schrieb und häufig auch die Umlaute nicht bezeichnete (z.B. in „Dr. Korte's Handen" statt „Dr. Körte's Händen"). Die Transkription wahrt mit Ausnahme der Umlaute die originale Schreibweise Humboldts.

---

2 Humboldt verließ Berlin Ende Dezember 1844, um nach Paris zu reisen.

3 Der Briefwechsel zwischen Schiller und Wilhelm von Humboldt war 1830 bei Cotta erschienen.

4 Wilhelm Körte (1776–1846) war der Schwiegersohn von Wolf; er lebte in Halberstadt und hatte den Nachlaß Wolfs (gest. 1824) übernommen. Reimer scheint die notwendigen Verhandlungen mit Körte sofort aufgenommen zu haben; im Verlagsarchiv befindet sich bei dem Verlagsvertrag zu Wilhelm von Humboldts Schriften eine eigenh. Empfangsbescheinigung Körtes vom 8. März 1845 über 20 Friedr. d'or und über *Verlagswerke im Betrag von 54 Reichstaler und 2 1/2 Silbergroschen nach dem Ladenpreise* als Preis für die Briefe. Sie wurden im 5. Band der „Gesammelten Werke" (1846) S. 1–316 abgedruckt.

Ich beklage, daß ein glänzendes mathematisches Stück
Folge der zahllosen [illegible] in den
Aufsätzen nicht hindert, Ihnen eine Bitte
unmittelbar vorzutragen. Ich wünsche sehnlichst
daß eine große Masse der wichtigsten Sternschnuppen, tele-
skopische Beobachtungen aller Meteore welche in den Besitz
zweier ausgezeichneter Beobachter und
Astronomen kommt, dem Oberlehrer
Herrn Dr. Eduard Heis zu Aachen und des Schülers
an der Sternwarte zu Bonn H. Schmidt
sind dem Publikum nicht verloren. Die Veröf-
fentlichung der [illegible] und großen Licht ver-
breitenden Arbeiten der [illegible] Wetter- [illegible]
[illegible] [illegible] [illegible] [illegible]
[illegible] [illegible] 15–18 [illegible]
[illegible] MSS. [illegible] [illegible] Heis be-
[illegible] Oberlehrer Heis in Aachen
[illegible] Beobachter [illegible] gegenwärtig in [illegible] [illegible]
und [illegible] [illegible] Ihrer [illegible] Erinne-
Mit freundschaftlicher [illegible] in meiner Familie
[illegible] [illegible] [illegible] hierauf.

Ew. Wohlgeb.

gehorsamster
AlHumboldt

Donnerstags

b. Humboldt an Reimer, o.O. [1851], 1 S./1 Doppelbl., 220 × 133 mm (Abb. 4).

Ich beklage, daß ein kleines rheumatisches Fieber Folge der zahllosen Erkältungen von den Hoffeten mich hindert, Ihnen eine Bitte mündlich vorzutragen. Ich wünsche sehnlichst daß eine grosse Masse der wichtigsten Beobachtungen über Sternschnuppen, telescopische Meteore welche in dem Besiz zweier ausgezeichneter Beobachter und Astronomen sind (von dem Oberlehrer an der Bürgerschule zu Aachen Herrn Eduard Heis[1] *und des Gehülfen an der Sternwarte zu Bonn H Schmidt*[2]*[)] sind, dem Publikum nicht verloren gehen. Es sind die einzigen die Volständigkeit haben und grosses Licht verbreiten über die kleinen Körper die geheimnisvoll in dem Weltraum umherstreichen. Möchten Sie, verehrungswerther Man der Sie so oft schon die Bedürfnisse der Wissenschaft befriedigt haben, in der Lage sein, das kleine Mss* [Manuskript], *wohl nur 15–18 Bog*[en], *erscheinen zu lassen. Die Bedingungen werden sehr mässig sein. Der vortrefliche Beobachter Oberlehrer Heis befindet sich gegenwärtig in Berlin und wird gewiß versuchen Ihnen aufzuwarten.*

Mit freundschaftlichen Erinnerungen, die in meiner Familie und der Ihrigen hoch hinaufsteigen

Ew Wohlgb
gehorsamster
Donnerstags[3] *AlHumboldt*

---

[1] Eduard Heis (1806–1877), seit 1837 Lehrer in Aachen, wurde 1852 auf Empfehlung Humboldts an die königliche Akademie in Münster als Professor der Mathematik und Astronomie berufen.

[2] Julius Schmidt (1825–1884), seit 1846 als Argelanders Gehilfe in Bonn, wurde später Direktor der Sternwarte in Athen. Sein Werk „Resultate aus zehnjährigen Beobachtungen über Sternschnuppen. Ein Sendschreiben an Alexander von Humboldt" erschien 1852 bei Reimer.

[3] Humboldt datierte seine Briefe häufig nur mit dem Wochentag. Dieser Brief wurde *(Forts. s. S. 52)*

Abb. 4. Alexander von Humboldt, Brief an G.E. Reimer von 1851 (Nr. 14b)

Im Verlagsarchiv befinden sich insgesamt 8 Briefe Alexander von Humboldts von 1844–1856, der ursprünglich vorhandene Besitz muß größer gewesen sein (s. oben die Einleitung). Beigefügt ist zudem ein Brief des Neffen von Leopold von Buch vom 30. 3. 1853 betr. die Werke Buchs.

15

a. Ludwig Tieck (1773–1853), Brief an Georg Andreas Reimer. Ziebingen, 14. Oktober 1803. 4 S./1 Doppelbl., 186 × 113 mm.

Wie beschämt bin ich, mein theuerster Freund, daß sie inliegende Kleinigkeit so spät erhalten; ich bitte Sie um Verzeihung, und ersuche Sie nur, es recht schnell, u. wo möglich, ohne Druckfehler drucken zu lassen. Wenn das Ganze Ihnen nur nicht durch meine schlechte Verzögerung widerwärtig geworden ist. Dieses werden wohl, wie ich vermuthe, an zwei Bogen sein, bitten Sie Schlegel um eine Correktur, daß Nahmen u. dgl. richtig gedruckt werden, auch wird es überhaupt einem ungeschickten Setzer etwas Leichtes sein, das meiste, was ich habe sagen wollen, in Unsinn zu verwandeln, zum Unglück habe ich manches nicht ganz deutlich geschrieben. ...

Es folgen noch einige persönliche Nachrichten und Bücheraufräge.

Dies ist der früheste (datierte) Brief Tiecks an Reimer im Verlagsarchiv. Es handelt sich um den Begleitbrief zu den „Minneliedern aus dem schwäbischen Zeitalter", einer der ersten Sammlungen mittelhochdeutscher Lyrik. Die „Minnelieder" erschienen 1803 mit den Illustrationen von Ph. O. Runge (s. Nr. 18 a) und waren – nach der Novalis-Ausgabe von 1802 – das zweite Buch, das Tieck bei Reimer

---

(Forts. v. S. 51)
vor dem 22. Juni 1851 geschrieben, an dem Humboldt an Reimer schreibt (Brief Nr. 6 im Verlagsarchiv) ... *Ich sage Ihnen meinen innigen Dank daß Sie den sehr thätigen und gründlichen Beobachter Herrn Jul. Schmidt, (Gehülfen an der Sternwarte zu Bonn) zur Herausgabe seines interessanten Werkes hilfreich ⟨verhelfen⟩ anregen.*

in der Realschulbuchhandlung herausbrachte. Tieck, der in der Wahrnehmung von Terminen häufig etwas saumselig war, hatte Reimer auch bei diesem Buch lange warten lassen.

Exemplar der UB/FU: 14 L 676 Rara.

b. Ludwig Tieck an Georg Andreas Reimer. Ziebingen, 8. Dezember 1817. 6 S./3 Bll., 256 × 207 mm (Abb. 5).

Mein theurer Freund: – ich hätte Ihnen schon früher für alles Uebersandte danken sollen, aber da ich einen weitläufigen Brief an Sie vor mir hatte, schob ich es noch auf, doch mahnt mich Ihr gestriger Brief von neuem, und ich will es nun nicht aufschieben.

Sie hatten früher einmal Lust, etwas Englisches zu drucken bei Gelegenheit des alten Theaters[1]*, ich sehe ein, daß ich den Lesern bei meinem Buch über Shak*[espeare] *etwas in die Hände geben muß, was gleichsam die Basis meines Werkes ausmachen muß, eine Beispielsammlung von alten Stücken oder Scenen, die einen Theil meiner Behauptungen und Ansichten erst eindringlich machen können; in London ist dieser Plan bei mir reif geworden, und ich habe seitdem vieles gethan, um ihn ausführen zu können. Ich ließ so lange ich dort war, abschreiben, ich kaufte von Seltenheiten, was ich bekommen konnte, Manches habe ich schon früher gesammelt. Alles wird nach meinem Ueberschlage 3 starke Theile ausmachen, das meiste gantze Schauspiele, von denen wenigstens 3 oder 4 gewiß Jugendarbeiten Shak. sind, und seit ihrer Erscheinung auch in England von Neueren noch nicht wieder gedruckt sind, zwei Drittel von dem, was ich drucken lasse, ist als Mcpt* [Manuscript] *anzusehen, und es kommt nur darauf an, ob in Deutschland ein solches Interesse für die Dichter u. d*[ie]*ses Merkwürdige Theater entsteht, daß deutsche Leser diese Bände kaufen. Ich würde nicht nur einzelne Anmerkungen, die Sprache betreffend u. Erklärungen betreffend, hinzufügen, sondern*

[1] Das „alte Theater“ bezieht sich auf das 1811 erschienene „Altenglische Theater“. Von der in Aussicht genommenen Sammlung erschienen zu Tiecks Lebzeiten zwei Bände als „Shakespeares Vorschule“ 1823 und 1829 bei Brockhaus.

Heidelberg den 8t Decbr. 47.

Mein theurer Freund: — ich hätte Ihnen schon früher für alles Uebersandte danken sollen, aber da ich einen weitläufigen Brief an Sie vor mir hatte, schob ich es auch auf; doch macht mich Ihr gestriger Brief von neuem [illegible] und ich will es nun nicht aufschieben.

Sie hatten früher einmal Lust etwas Englisches zu drucken bei Gelegenheit des alten Theaters; ich sehe nun, daß ich den Lesern bei meinem Buch über Shaksp. etwas in die Hände geben möchte, was gleichsam die Beweise meines Werkes ausmachen möchte, eine Urkunden-sammlung von alten Stücken oder Stellen die einen Theil meiner Behauptungen und Ansichten erst eindringlich machen können; in London ist dieser Plan bei mir reif geworden und ich habe seit dem vieles gethan um ihn ausführen zu können. Ich ließ so lange ich dort war abschreiben, ich kaufte von Seltenheiten was ich bekommen konnte, Manches habe ich schon früher gesammelt. Alles wird nach meinem Ueberschlage 3 starke Theile ausmachen, das meiste ganze Schauspiele, von denen wenigstens 3 oder 4 gewiß Jugendarbeiten Shak. sind, und seit ihrer Erscheinung sich in England von Neuem auch nicht wieder gedruckt sind, zum Drittel von dem, was ich darüber besitze, ist als Mspt. anzusehen, und kommt nun durch mich in Deutschland in [illegible] [illegible] für den Dichter und das Merkwürdige Theater [illegible] die deutschen Leser [illegible]. Ich würde [illegible] Sammlung die [illegible] [illegible] Erläuterungen [illegible], [illegible] zu jedem Stück eine historische und kritische Einleitung, so wie zu den einzelnen Stücken oder Gedichten. Um von meiner Seite [illegible] zu machen verlange ich für mein Bemühung selbst für das Ganze nur 500 Thaler; die Hauptsache aber ist, daß Sie, wenn Sie meine Vorschläge annehmen, [illegible] können 25 [illegible] nach einem Briefe von mir nach England senden, um meinen Abschreiber dort bezahlen zu können, von dem ich freilich noch keine Nachricht

zu jedem Stück eine historische u. kritische Einleitg, so wie zu den einzelnen Scenen, oder Gedichten. ...

Nun meinen zweiten Vorschlag, der mich nicht so unmittelbar selbst betrifft. Sie waren damals geneigt, Cumberlands Memoirs u. andere Neuigkeiten, falls sie noch nicht übersezt wären, in einer Uebersetzg unter billigen Bedingungen herauszugeben. Ich habe nicht gehört, ob eine Uebersetzg erschienen ist, ich zweifle aber, denn zu einer vollständigen Uebersetzg qualificirt sich d[ie]ses Buch für die Deutschen nicht, aber die beiden Bände ließen sich gut in einen Band zusammenziehn, das meiste Auszug u. nur das Vorzüglichste übersezt. Ein Freund hier würde diese Arbeit unter meiner Beihülfe übernehmen[,] auch hätte ich wohl Lust, wenn auch ohne meinen Nahmen, einige erläuternde Anmerkgen hinzu zu fügen[2]. – Interessanter sind einige der neusten Romane, am wichtigsten unter d[ie]sen Waverley und Tales of my Landlord[3], die ich mitgebracht u. mit Freude u. einer gewissen Verwundrg über die Energie, Kraft d. Darstellung u. Meisterhaftigkeit d. Charaktere gelesen habe; Wav. hat 3 Theile, weitläufig gedruckt, u. würde im Deutschen nur 2 mäßige Bände machen, Tales of my Land. hat 4 Theile, u. würde 2 stärkere Bände füllen, da hie u. da sehr gut Kleinigkeiten auszulassen sind: die Tal. o. my Landl. sind das Neueste, aber auch d. Waverley (den ich noch vorziehe), ist schwerlich übersezt, weil er auch erst seit einem Jahr erschienen ist, es auch wohl nicht viele Gelehrte bei uns giebt, die den schottischen Dialekt verstehn u. im Deutschen bezwingen könnten. (Hier würde ich mir auch anmaßen, meinem Freunde zu Hülfe zu kommen) D[ie]se Romane, die sich so merkwürdig auszeichnen, sind jezt mit den Gedichten des W. Scott die Lieblings-

[2] Der „Freund" ist Tiecks Tochter Dorothea, die an der Übersetzungs Shakespeares maßgeblich beteiligt war.

[3] Der Autor der beiden Romane „Waverley" und „Tales of my Landlord" ist Sir Walter Scott, dessen Verfasserschaft Tieck unbekannt war. „Waverley" war 1814 anonym, „Tales of my Landlord" 1816 erschienen.

Abb. 5. Ludwig Tieck, Brief an G. A. Reimer vom 8. 12. 1817 (Nr. 15b)

leserei in Engl[a]nd, u. laufen gleich durch 8 bis 9 Auflagen, übertreffen aber den Scott ohngefähr so u. verhalten sich zu di[ese]m wie unser Kleist zu unserm Fouqué. Sie werden dort nach Ihren Verzeichnissen und Catalogen wissen können, ob von d[ie]sen Sachen schon etwas übersezt ist, od[er] angekündigt, sonst könnte mein Freund mit Waverley oder Tales od[er] Cumbelnd den Anfang machen; Sie finden denk' ich 5 Thal. pro gedr[uckten] Bogen keine unbillige Forderung; aber es wäre gut, wenn Sie mir auch hierauf mit nächster Post antworten könnten. Sie würden auch dan[n] wohl die Ankündigung d[ie]ser Uebersetzgen anzeigen, u. Ostern könnte wohl eins d[ie]ser Bücher erscheinen. ...

Es ist mir lieb, daß die Genoveva vergriffen ist[4], senden Sie mir ein durchschossenes Exemplar, der Correkturen u. Druckfehler wegen; ich hätte Lust, Zusätze u. Weglassgen vorzunehmen. Das Rothkäppchen, das nun schon im Phantasus ist, lassen wir natürlich weg, u. ich denke eben so die Melusine[5], die ich immer für einen völlig mißrathenen Versuch, in schmertzhafter Krankheit geschrieben, gehalten habe: mir wird es am liebsten sein, wenn Sie noch zu Ostern die Genoveva drucken können, denn d. Verbessergen werden immer nicht viele u. bedeutende sein. Wie halten Sie es mit dem Titel? Wollen Sie das Buch nun nicht bloß Genoveva nennen? Denn bei der neuen Ausg. d. Zerbino wird ja doch d. getreue Eckart auch wegbleiben. Wie steht es mit d[ie]sem? Mich dünkt, Sie sagten mir einmal, er sei mehr, als Genov. vergriffen: doch darin muß ich mich wohl geirrt haben. An den Octavian ist wohl noch nicht zu denken, da er im Reich zweimal u. vielleicht noch öfter nachgedruckt ist. In Wien, so höre ich, wird jetzt alles von mir nachgedruckt[6]. U. man kann durchaus nichts dagegen thun.

---

4 „Genoveva" wurde 1820 bei Reimer in 2. verb. Aufl. herausgegeben.

5 Das „Rothkäppchen" wurde doch wieder im ersten Band des „Phantasus" aufgenommen. „Melusine" erschien nicht bei Reimer.

6 Der Raubdruck der Tieckschen Werke erschien in 30 Bänden bei L. Grund in Wien von 1817–1824.

Am Phantasus bin ich fleißig. Der Blaubart, d. im 4tn Theil erscheint, ist eine Umarbeitg eines jugendlich[en] *Buches, das wenigstens nicht zu meinen schlechtesten gehört, u. Ihnen vielleicht niemals vorgekommen ist: Die sieben Weiber des Blaubart*[7]*; es wird fast neu. Bei d*[ie]*sem Bande kann ich etwas ausruhn, weil er alte Sachen enthält. ...*

Aber, was verlange, bitte, fordre ich nicht Alles! Ich kenne Ihre Güte u. Freundschaft, u. d[ie]*se u. Ihrer lieben Frau Gefälligkeit nehme ich auch dieses Weihnachten wieder in Anspruch, mir etwa für 10–12 Thaler Zuckerwerck zu senden, was Sie mir immer so schön besorgt haben, u. dazu 6 Wachsstöcke von ¼ lb und 4 von ½ Pfunde, die Hälfte bemahlt. Zürnen Sie mir nicht: sind es einige mehr, legen Sie für den Zucker, Marzipan u. dgl. einige Thaler mehr aus, so wird es hier, bei den vielen Kindern immer recht gut angewandt*[8]*. – Wissen Sie für meine jüngste Tochter nicht irgend ein hübsches Buch mit Kupfern, zum Weihnachtsgeschenk, nur muß es kein Kinderbuch sein, denn davor hab' ich ihr bestimmten Abscheu beigebracht: Sie thäten mir einen großen Gefallen, wenn Sie dergleichen ausfänden, u. mir hübsch eingebunden zu Weihnachten übersendeten. ...*

---

7 „Die sieben Weiber des Blaubart" war 1797 bei Nicolai herausgekommen.

8 Reimer hat den Tieckschen Auftrag genau ausgeführt: im Großen Hauptbuch II (oben Nr. 4) sind am 20. Dezember 1817 in Tiecks Kontoführung S. 786 *Auslagen für Zuckerwerk* zu 12,12 Talern und *Auslagen für Wachsstöcke* zu 5,18 Talern abgerechnet.

c. Ludwig Tieck an Georg Andreas Reimer. o.O., 12. Juni 1828. 1 S./1 Bl., 237 × 194 mm.

Hier erfolgt das Ganze, was von Lenz in Mscpt da war ... Begleitbrief zum Manuskript der Ausgabe von Jakob Michael Reinhold Lenz, die 1828 von Tieck bei Reimer herausgegeben wurde. Tieck, der sich stets um die Herausgabe anderer Dichter bemühte – 1802 hatte er (zusammen mit Friedrich Schlegel) Novalis, 1821 und 1826 Kleist ediert – leistete mit dieser dreibändigen Ausgabe einen sehr wesentlichen Beitrag für die Wirkungsgeschichte von Lenz.

Exemplar der UB/FU: 13 L 2.

Die Verbindung Tiecks mit dem Verlag Reimer dauerte über 50 Jahre an, von 1803 bis zum Tode des Dichters im Jahre 1853. Besonders herzlich war das Verhältnis zum alten Reimer, das bis 1838 belegt ist; der Ton gegenüber dem Sohn Georg Ernst Reimer, an den über 30 der 55 im Verlagsarchiv befindlichen Briefe gerichtet sind, ist kühler und geschäftsmäßiger. Die Ausgabe von Tiecks Werken erschien 1828–1854 bei Reimer in 28 Bänden.

Exemplar der UB/FU: 7 L 350.

Abdruck der Briefe in: Letters of Ludwig Tieck, hitherto unpubl. 1792–1853, coll. and ed. by Edwin H. Zeydel, Percy Matenko and Robert H. Fife, London 1937.

Im Verlagsarchiv befinden sich neben dem Konvolut von 55 Briefen Tiecks noch eine Reihe anderer Verlagsunterlagen (Vertragsentwürfe, Quittungen usw.).

16

Luise, Königin von Preußen (1776–1810), Brief an den Buchhändler Georg Joachim Göschen. Berlin, 30. Januar 1805. 1 S./1 Bl. 223 × 187 mm. Mit eigenh. Unterschrift.

Schon die erste Ankündigung, von dem periodischen Werke deutscher Frauen, würde bei den Nahmen seiner, in der litterarischen

Welt so berühmten Beförderer, bei Mir den Wunsch erweckt haben, diese Schrift näher kennen zu lernen. Um so mehr, finde Ich daher dem Buchhändler H. Göschen in Leipzig Mich verbunden, daß derselbe, meinem Wunsche gewissermaassen zuvorzukommen, so gefällig gewesen ist, und danke demselben daher, desto aufrichtiger für sein Andenken und für seine vollkommen erreichte freundliche Absicht.
Berlin
den 30ᵗ Januar 1805. *Luise.*

Bei dem *periodischen Werke deutscher Frauen* handelt es sich um das seit 1805 bei Göschen erscheinende „Journal für deutsche Frauen von deutschen Frauen geschrieben" (1807–08 unter dem Titel „Selene"). Das Titelkupfer des ersten Bandes zeigt ein Bild der Königin Luise. Nach Ausweis des Titelblattes wurde der Almanach „besorgt von Wieland, Schiller, Rochlitz und Seume" (der Name Schillers fiel ab dem 2. Band weg). Der eigentliche Herausgeber war Friedrich Rochlitz, die anderen *in der litterarischen Welt berühmten Beförderer* hatten Göschen nur ihren Namen geliehen, um der Zeitschrift in dem breiten Angebot von Taschenbüchern und Almanachen dieser Zeit die nötige Aufmerksamkeit zu sichern.

Zunächst wurde das Journal, das im übrigen Mühe hatte, stets eine ausreichende Zahl guter Beiträge von Schriftstellerinnen beizubringen, sehr beifällig aufgenommen. Dann erschwerten die ungünstigen Zeitumstände zunehmend das Erscheinen, – Ende 1808 wurde es eingestellt. (Viscount Goschen, Das Leben G. J. Göschens, Leipzig 1905, II 218ff; Karl August Böttiger und Georg Joachim Göschen im Briefwechsel, von Luise Gerhardt, Leipzig 1911, 171ff).

Göschen hatte stets ein lebhaftes Interesse für die Geistesbildung und Kultur der Frauen. Schon 1787–89 hatte er „Pandora, oder Kalender des Luxus und der Moden" herausgebracht, dem für die Jahre 1790–93 das „Historische Taschenbuch [1793: Kalender] für Damen" folgte.

Dieser Brief gelangte 1922 über Frau Claire Schlubeck als Geschenk ins Verlagsarchiv. Weiteres Material ist nicht vorhanden.

17

Barthold Georg Niebuhr (1776–1831), Brief an Georg Andreas Reimer. Rom, 29. November 1817. 3 S./1 Doppelbl., 240 × 200 mm. Verschiedene Numerierungen und Anstreichungen früherer Bearbeiter.

Es war, denke ich, Anfang August, daß ich Dir schrieb, liebster Reimer, und Dir die Verhältnisse unseres Cornelius aus einander sezte Diese Nachricht hat Hoffnungen die Du vielleicht noch hegtest, getäuscht: das aber vertraue ich daß Du mit Überzeugung erkannt haben wirst daß er theils durch unglückliche unvermeidliche Fügungen, theils durch edle Motive – weil er lieber Monate umsonst gearbeitet haben wollte als Dich mit einer Arbeit dem Buchstaben nach bezahlen die ihn nicht befriedigte – Dein Schuldner ist. Auch wünsche ich daß Du Dich überzeugt haben mögest daß ich, indem ich es ihm möglich gemacht das unübertrefflich schöne Hauptblatt der Nibelungen zu vollenden, meine Pflichten gegen Dich nicht versäumt habe. – Jener Brief war an Savigny eingeschlossen, und dieser nicht mehr zu Berlin als er dort eingegangen seyn wird, und ich höre daß Du, liebster Freund, damals auch von Hause entfernt warst. Ich glaube Dir nicht geschrieben zu haben, und vielleicht hat es auch Cornelius, dem das Schreiben entsezlich schwer wird, versäumt Dir zu sagen daß wenn er Dir mit kleinen Zeichnungen, wie damals zum Legendenalmanach, einen Theil seiner großen Schuld abzahlen könnte, er Dir gern in den Abendstunden arbeiten wolle. Es drückt ihn sehr Dir schuldig zu seyn, weil er das Gemüth womit Du gegen ihn gehandelt ganz erkennt. Daß mehrere von den Platten der Nibelungen so sehr schlecht ausgefallen sind, bekümmert ihn sehr. Er hat Dich daher gebeten das große Blatt, welches, wegen der ausnehmenden Feinheit der Behandlungen einen mittelmäßigen Kupferstecher noch weniger vertragen kann, hier unter seinen Augen von Barth aus Hildburgshausen, oder Amsler aus Zürich stechen zu lassen, die sich vielleicht über die Arbeit vereinigen. Der Preis von 60 Carolinen für den diese die Arbeit liefern wollen wird von den Sachkundigen für möglichst niedrig erklärt. Als Probe von Amslers Arbeit lege ich Dir ein Blatt nach einem Basrelief von Thorvaldsen bey, welches vortrefflich ist, und wobey es Bewunderung erregt daß er ohne Zeichnung gearbeitet hat.

Du hast zweymal im Allgemeinen Verabredungen mit Overbeck erwähnt: worin diese bestehen habe ich von ihm nicht näher erfahren.

Ich sehe Overbeck äußerst selten: dieser geistvolle und liebenswürdige junge Mann hat sich unglücklicherweise dermassen in die Hände der Pfaffen ergeben daß er von ihnen und andern die für nichts als böse Pfaffen gelten können (z. b. die Brüder Veith) völlig bestrikt und gegängelt ist und daher wahrscheinlich gar nicht zu uns kommen darf.

Cornelius geht mit großen Schritten in dem Carton seines dantischen Cyclus vorwärts, und übertrifft sich, wie immer in jeder neuen Arbeit. So etwas ist zuverläßig seit 300 Jahren nicht gemahlt. ...

Es folgen noch private Nachrichten und Aufträge.

Niebuhr gehörte zum engeren Freundeskreis Reimers. 1813/14 hatte er die Zeitung „Der preußische Correspondent“, die im Reimerschen Verlag erschien, redigiert. Seit 1816 weilte er als preußischer Gesandter in Rom.

Peter Cornelius (1783–1867) hielt sich seit 1811 in Rom im Kreis der Nazarener auf. Seine sieben Federzeichnungen zum Nibelungenlied entstanden zwischen 1812 und 1817; sie erschienen – gestochen von K. Barth, S. Amsler, H. J. Lips und H. W. Ritter – 1817 bei Reimer, das Titelblatt trug eine Widmung an Niebuhr. Schon 1812 hatte Cornelius für einen bei Reimer von La Motte Fouqué herausgegebenen Almanach Zeichnungen entworfen (s. Nr. 19). Der Hinweis auf den Dantezyklus bezieht sich auf den Auftrag des Fürsten Massimo, einen Raum seiner Villa mit Fresken nach Dante auszumalen. Bis zum Verlassen Roms 1819 gelangen Cornelius jedoch nur Zeichnungen und drei Kartons zum Paradiso.

Der Briefwechsel Niebuhr-Reimer zieht sich durch alle Jahre bis zu Niebuhrs Tod. Im Verlagsarchiv sind neben einigen Verlagsverträgen (z. B. zur 2. Aufl. der „Römischen Geschichte") verschiedenen Beilagen und etwa 50 Briefen von seinem Sohn Marcus nur 3 Briefe von Niebuhr selbst erhalten. Abdruck ausgewählter Briefe Niebuhrs an Reimer in Auszügen durch Heinrich von Treitschke in: Preußische Jahrbücher 38 (1876) 172–201, der obige S. 183–185.

18

a. Philipp Otto Runge (1777–1810), Brief an Georg Andreas Reimer. Dresden, 24. Oktober 1803. 2½ S./1 Doppelbl. 2. S. Gedicht-Beilage/ 1 Bl., 226× 195 mm.

Lieber Reimer *Dresden d 24 October 1803*

Ich habe schon sehr lange an dich schreiben wollen hab es aber nicht gethan ich bin auch in Leipzig gewesen und bin so mit meinen Arbeiten auch sehr behaftet gewesen daß ich nicht viel Zeit gehabt habe, ich bitte deine Frau u Schwiegerin recht von Herzen zu grüßen von uns und der Mutter, ich bin nun mit den Kupferstechern in richtigkeit und sie arbeiten auch frisch daran, ich werde zu Johannis, denke ich, mit allen fertig seyn was daran bummelt und bammelt eher aber nicht, ich schicke dir auch das versprochen Lied hierin[1]*, du kansts etwas für dich behalten ich hab es für mich selbst gemacht und weil ichs nicht laßen konte und niemand hatte den ich meine Noth klagen konte, doch das ist nun mit Gottes Hülfe alles vorbey, und ich denke sehr stark an meiner Abreise welche heut über 3 Wochen wol vor sich gehen wird*[2]*, erkundige dich doch unter der Hand ob A W Schlegel gegen die Zeit nach Weimar geht mir wäre es nicht sehr lieb mit ihm dort zu seyn. ich bin mit meinen Arbeiten hier fertig und*

[1] Das Lied ist Runges Gedicht *Ewig schweigt die süße Silberstimme* vom 11. Mai 1802, das er zuerst an Friedrich Perthes geschickt hatte (Briefe in der Urfassung, hg. von Karl Friedrich Degner, Berlin 1940, 66 ff).

[2] Runge fuhr am 9. November 1803 über Weimar nach Hamburg, um dort den Haushalt seiner bevorstehenden Ehe vorzubereiten.

räume jetzt blos noch so auf, ich freue mich aufs Arbeiten in Hamburg. – ich habe mit einen Polnischen Grafen Biernacky mit dem ich auch nach Leipzig war, sehr genaue Bekantschaft gemacht und ihm versprechen müßen ihm mit den Jahren einmahl eine Kirche in seinen Landen zu bauen wir werden sehn was dort zu machen ist, es könte wol sehr schön werden, ich werde mahl auf einige Zeit zu ihm reisen müßen[3].

Die Minnelieder sind wie ich merke noch nicht da[4], *es wird noch wol an der Vorrede liegen, laß dir nur die Zeit nicht zur unrechten Zeit lang werden, und werde auch zur rechten Zeit böse. Tieck ist ein bisgen ein Kind, das ordentlich ein bisgen gezwungen werden kann.* [. . .]

Es folgen noch ein Bücherauftrag für Baron [Karl] von Hardenberg, einen Bruder von Novalis und einige persönliche Nachrichten.

Runges Briefe sind stilistisch stark vom Sprechstil geprägt, der durch das weitgehende Fehlen von Satzzeichen noch verstärkt wird. Die Transkription gibt die originale Schreibweise Runges wieder.

Die fünf im Verlagsarchiv befindlichen Briefe von Runge an Reimer aus den Jahren 1803–1808 zeugen von einer recht engen Freundschaft, die in der Literatur auch stets genannt wird, jedoch noch keine eigene Untersuchung gefunden hat. Vier der Briefe (Nr. 1–2, 4–5) hat Reinhold Steig 1902 veröffentlicht (Euphorion 9, 660–670); den dritten nennt er nur kurz, da dieser Brief eine ausschließlich private Angelegenheit behandelt: die Ablehnung eines von Reimer vermittelten Heiratsantrags des „Hofpredigers" Metger an Runges Nichte Wilhelmine Helwig (Minchen) durch ihre Mutter (der Brief liegt bei) und durch Runge selbst. Runge, der seine Nichte sehr liebte – er malte ihr Bildnis 1807 (Traeger, Kat. 375) – ver-

---

[3] Vermutlich Aloys Prosper Biernacki, 1778–1854, polnischer Landwirt und Staatsmann. Zu Runges Beschäftigung mit Architektur vgl. Jörg Traeger, Ph. O. Runge und sein Werk, München 1975, 132ff.

[4] Es sind die von Ludwig Tieck hg. „Minnelieder aus dem schwäbischen Zeitalter", die mit 5 Kupfern von Runge (Traeger, Kat. 259–264) 1803 bei Reimer erschienen. (Vgl. Tiecks Brief vom 14. Oktober 1803, oben Nr. 15 a.)

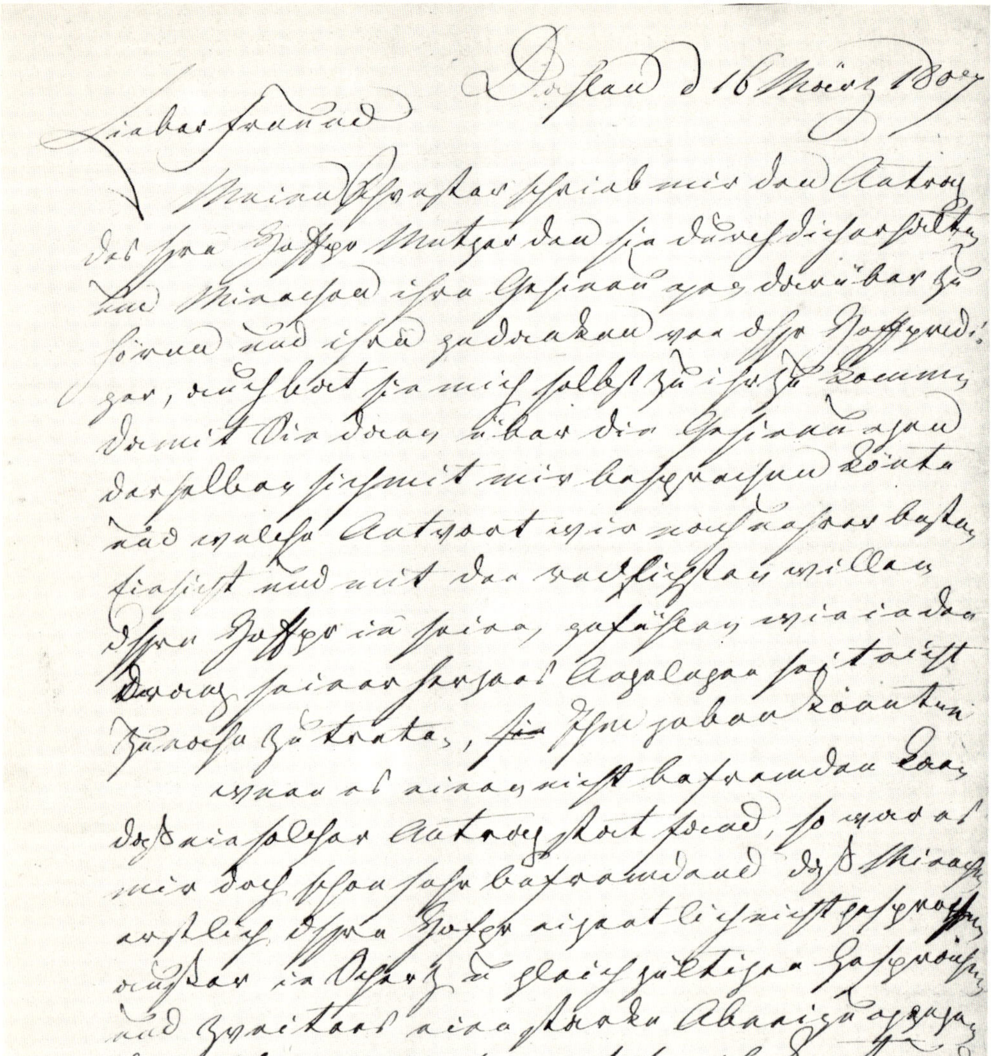

Dessau d 16 März 1807

Lieber Freund

Abb. 6. Ph. O. Runge, Brief an G. A. Reimer vom 16. 3. 1807 (Nr. 18b)

urteilt die ihm egoistisch scheinenden Beweggründe des Antrags. Der Brief wird hier erstmals abgedruckt.

Friedrich Severin Metger (1775–1834) war von 1802–1807 Pastor an der Charité und am Invalidenhaus Berlin, nicht Hofprediger. Von 1807–1834 wirkte er als Pfarrer in Stolp/Pommern (Evangel. Pfarrerbuch für die Mark Brandenburg, II 2, Berlin 1941, 550).

b. Runge an Reimer. 6 S./2 Doppelbll., 194 × 171 mm. (Abb. 6)

Lieber Freund *Dahlen d 16 März 1807*

Meine Schwester schrieb mir den Antrag des Hrn Hoffpr[edigers] *Metger den sie durch dich erhalten um Mienchen ihre Gesinnungen darüber zu hören und ihre gedanken von dHr Hoffprediger, auch bat sie mich selbst zu ihr zu kommen damit Sie dann über die Gesinnungen derselben sich mir mir besprechen könte und welche Antwort wir nach unsrer besten Einsicht und mit den redlichsten willen dHrn Hoffpr in seinen gefühlen wie in den Drang seiner Herzens Angelegenheit nicht zu nahe zu treten,* ⟨sie⟩ *Ihm geben könnten.*

wenn es einen nicht befremden kann daß ein solcher Antrag stat fand, so war es mir doch schon sehr befremdend daß Mienchen erstlich dHrn Hofpr eigentlich nicht gesprochen außer in Scherz u. gleichgültigen Gesprächen und zweitens eine starke Abneigung gegen denselben hegte so weit sie ihn kante und so weit ihr Temparament von dem was was[!] *sich bey Ihm gezeigt, verschieden war daß der Hr Hoffpr bey einer so geringen Bekantschaft so grade zu einen solchen Antrag thun konte der doch vahraftig wenig zu der Lage und den Umständen meiner Schwester paßte, wen*[n] *ich auch das gern zu haben wolte daß eine Ehe wie ein vernünftiger vergleich statt finden könne,*

Wie sehr muste ich aber erstaunen da ich den Brief so wohl an meine Schwester wie den an Minchen selbst zu lesen krigte wo dhr Hoffprediger meint in den br[ief] *an meine Schwester, daß wenn Minchen auch just nicht gegen Ihn entzündet wäre sie doch dadurch sehr glücklich werden könte wenn sie Ihn ganz glücklich gemacht und sich dieses werks nun erfreuen könte, oder daß er Mienchen in den br*[ief] *an dieselbe wie die Gefunden Person betrachtet die Ihm nötig ist um wieder in die Ursprünglich Harmonische Natur zurückkommen zu könen, wirklich wenn dHr* [... Idee?][1] *einen wirklichen Heirathsantrag macht, so ist mit Minchens Person und Gestalt eine Große Lücke aus gefüllt, und in Gedanken, in Theosofischen so wohl wie in Philosophischen alles richtig, – auf Minchen selbst* ⟨auch⟩ *aber gar nicht mahl geachtet oder an ihr gedacht worden, sondern dHr Hoffpr liebt blos seine Idee, und bey einem solchen Antrag könen einen Ehrlichen Menschen der seine Frau von ganzem Herzen lieb hat und mit ihr denkt vor Gott zu treten wie sie ist, und wie er das was sie ist wenn es auch ganz entgegen gesetzt von dem ist waß wir nach unsrer Idee an ihr gesucht zu lieben und durch die liebe mit Gott und sich sein lebelang zu vereinigen, und alles fehlgeschlagen*[e] *zu tragen, und beßer zu achten was geschieht als was man gewünscht hat, ich sage bey einem solchen Antrage wo der liebhaber einer braut ihre Schale gekitzelt hat und verspricht es mit den Geist eben so zu machen, könen einem Ehrlichen Menschen die Haare zu berge stehn –*

Ich wünsche von Herzen dHr Hoffprediger dem ich gerne ein sehr gutes Herz zutraue mögte durch diesen Fehlgriff auf den Gedanken kommen, daß die gewünschte heiterkeit und Harmonie dort nur zu finden ist von wo sie kömmt, und solche nicht als Morgen Gabe von einer Frau verlangen – und bedenken was er seiner frau den[n] *dafür brin*[gen] *wolte was dagegen im Gewicht käme – oder er mögte es einsehen was er von einem Mädchen verlangt hätte die jung und unerfahren blos mit ihrer Natur, dem Mann helfen solte, und das Ruder Regiren wozu Er sich ungeschickt fühlt, –*

die übrigen Misverhältniße wollen wir nicht berühren und ich bitte dich, lieber Reimar[!] *dHrn Hoffpr zuvor die Versicherung zu geben*

[1] Textverlust durch abgeschnittene Zeile

daß es uns betrübt einen Kummer in ihm zu erwecken der uns wohl bekant ist, den aber die Zeit mit Gottes Hülfe heilt.

Ich glaube dHrn Hoffprediger wird die Einsicht in der Unausführbarkeit seines Antrags die wir Ihm hier gezeigt genügen, oder zeigen daß wir Ihm die Sonderbarkeiten eines solchen Ansuchens recht gut weit deutlicher vorlegen könten, und die Erfüllung derselben auf keine Art abzusehn sey. ———

Ich habe mich sehr gefreut lieber, was die Kinder mir von dir und deinen Kindern Frau u Freunden erzählt wir sind auch bis auf die Angst [und] *Weeh*[?] *alle wohl und gesund durch diese trübseelige Zeit durchgekommen im Vaterlande geht es außer wo die Armee steht noch ziemlich gnädig, im Verhältniß von andern Ab, die Zeit ist aber im höchsten Grade drückend und wie wirds noch werden, ich hoffe vor Himmel-fahrt noch mit Fr*[au] *u Kind nach Hamb*[urg] *zu reisen, – du kanst auch denken, daß die productive Kunst wenigstens bey diesen Umständen die wir gehabt auf* [de]*n Hund gekommen ist. ich hoffe aber es soll noch alles gut werden wir wollen indeß was Gott bescheert mit danksagung empfangen.*

Pauline[2] *grüßt dich und die deinigen wie meine übrigen Geschwister, – ich wünsche wir sehen uns bald mahl bey den Bevorstehenden Veränderungen in meiner lage gebe ich dir bald mahl wieder Nachricht von mir,*

thue ein gleiches dein

P. O. Runge

[2] Runges Frau

19

Friedrich de la Motte Fouqué (1777–1843), Brief an Georg Andreas Reimer. Nennhausen (Rathenau), 9. Juli 1812. 1½ S./1 Bl., 240 × 193 mm.

Nennhausen, bei Rathenau, am 9. Jul. 12.

Du erhältst hierbei, lieber Reimer, die Correcturbogen des Almanachs zurück[1]. *Ich habe mein Mögliches daran gethan, aber obgleich eben nicht viel daran zu thun war, kann es doch sein, daß hier oder dort ein kleiner Mangel meinem Auge, das gerade in dergleichen Dingen sehr blöde ist, entschlüpft sein mag. Wo Du nun schon vorcorrigirt hast, ist freilich nichts zu besorgen, aber ich kann bei dieser Arbeit immer für nichts mit Bestimmtheit gut sagen, als für den Sinn. Wenn mir auch der Setzer nicht grade ein X für ein U machen kann, so kann er mir doch leicht ein n für ein u machen, und ähnliche Streiche. Also darin verlaß Dich nicht zu sehr auf mich. – Einmal habe ich meine Befugniß als Corrector überschritten; bei der erklärenden Anmerkung zum Stiftungsbriefe nämlich*[2]. *Aber als Mitherausgeber konnte ich es unmöglich so stehn lassen, und ich denke, Frau von Helwig*[3], *die mir sogar zu wesentlicheren Aenderungen Gewalt gelassen hatte, wird mir um dieser höchst aeusserlichen Abänderung nicht böse sein. Der Satz konnte ihr nur in der höchsten Uebereilung s o entschlüpfen.*

Sie schreibt mir, sie habe Dir zwei Probeabdrücke der Lipsischen Kupfer[4] *zum Almanache gesandt. Könntest Du mir wohl die einmal*

---

[1] Es handelt sich um das „Taschenbuch der Sagen und Legenden", hg. von Amalie von Helwig und Friedrich de la Motte Fouqué. Es erschien 1812 bei Reimer, ein zweiter Band folgte 1817.

[2] Die von La Motte Fouqué korrigierte Anmerkung zum ‚Stiftungsbrief' – das sind Stanzen zum Titelkupfer – ist S. 3 abgedruckt.

[3] Amalie von Helwig (1776–1831), Dichterin, auch als Zeichnerin ausgebildet, hatte selbst einige Beiträge zum „Taschenbuch" beigebracht, darunter vor allem „Der Gang durch Cöln". Auf ihre Vermittlung hin war Peter Cornelius für die Illustration gewonnen worden.

[4] Johann Heinrich Lips (1758–1817) war der Stecher der von Cornelius geschaffenen Zeichnungen.

zum Ansehen mitschicken? Ich bin höchst begierig auf Cornelius Zeichnungen seit der einen, die ich von ihm zur Legende des H. Georg sah. Wie ist es denn mit seinen Zeichnungen zum Nibelungenlied[5]*? Frau v. H. sagt, Du wüßtest davon.*

Recht leid hat es mir gethan, daß Du mein Trauerspiel aus dem Siebenjährigen Kriege nicht verlegen konntest. Bei Dir kräftigem treuen Manne hätte ich grade das sehr gern ans Licht treten sehn[6].

Fahre nur ja fort, mir die Correcturbogen zu senden. Du sollst sie jedesmal umgehend zurück haben, und wie gesagt, an Fleiß und ehrlichem Willen fehlt's nicht.

Empfiehl mich Deiner Frau Gemahlin, und sei meiner herzlichen Achtung und Freundschaft gewiß.

Ganz der Deinige
Fouqué

Exemplar des „Taschenbuch der Sagen und Legenden" der UB/FU: 48/71/13244 Rara.

La Motte Fouqué gehörte zum Freundeskreis Reimers und hat einige seiner Werke bei ihm veröffentlicht, z. B. 1805 die „Romanzen vom Thale Ronceval" (anonym) und 1816–1817 zusammen mit E. W. Contessa und E. Th. A. Hoffmann „Kindermärchen" (2 Bde).

Von La Motte Fouqué befinden sich außer diesem bisher unveröffentlichten Brief keine weiteren, von Amalie von Helwig gar keine Dokumente im Verlagsarchiv.

---

[5] Cornelius schuf Zeichnungen zum Nibelungenlied, das 1817 bei Reimer erschien (s. Nr. 17).

[6] Das nicht bei Reimer verlegte Trauerspiel ist „Die Familie Hallersee. Ein Trauerspiel aus der Zeit des siebenjährigen Krieges", das 1813 bei Hitzig in Berlin erschien.

20

Friedrich Ludwig Jahn (1778–1852), Brief an seine Frau aus dem Gefängnis (Fragment, zeitgenössische Abschrift). 14. August 1819. 1 S./1 Bl., 205 × 250 mm. Größerer Wasserflecken, Tintenfraß.

Der Anfang des Briefes fehlt; der Text setzt ein *Ich flehe noch immer um Verhör und Gehör. Eine schöne Zeit des Sommers habe ich nun im Bauer verlebt* [...] *Wenn dies Opfer dem Vaterlande nützt, so ist auch dieses willig gebracht.* Es folgt die Klage über die Unrechtmäßigkeit seiner Gefangenschaft und die Verzögerung der Anklage. *Eine Untersuchung ist mir recht erwünscht. Wenn sie bald nur schnell erfolgt, so will ich meine heimlichen Anschwärzer für meine redlichsten Freunde anerkennen.* Zum Schluß noch private Probleme: *Wie wirst du's zum Winter machen? Kannst du dich mit Holz versorgen? Wie gehts mit dem Gesinde?*

Jahn war im Zusammenhang mit der Demagogenverfolgung (s. Nr. 11) in der Nacht vom 13.–14. Juli 1819 verhaftet und zunächst nach Spandau gebracht worden. Die Briefe an seine Frau wurden mehrfach abgeschrieben und kursierten im Freundeskreis, zu dem auch Reimer gehörte. Bei ihm war 1816 Jahns „Deutsche Turnkunst" herausgekommen, 1845 folgten noch die dazu gehörenden „Abbildungen von Turnübungen".

Im Verlagsarchiv befindet sich noch ein weiterer Brief Jahns an seine Frau, eine Abschrift der gleichen Hand wie das obige Fragment: ein Trostbrief zum Tod seiner Tochter Sieglinde mit vielen eingestreuten Bibelzitaten, (7. August 1819, 3 S.). Die Originale der Briefe sind vermutlich 1838 beim Brand von Jahns Haus in Freyburg an der Unstrut verbrannt.

Abdruck der Briefe (mit geringen Abweichungen) in Jahn, Briefe, hg. von Wolfgang Meyer, Dresden [1930], S. 149f und 142–144 (Quellenbücher der Leibesübungen 5).

21

Karl August Varnhagen von Ense (1785–1858), Brief an Georg Ernst Reimer, Berlin, 1. September 1848, 1 S./1 Bl. mit eigenh. Manuskript seiner kleinen Schrift „Schlichter Vortrag an die Deutschen über die Aufgabe des Tages". 13 S., Brief und Manuskript haben das gleiche Format (235 × 142 mm), vermutlich ist die Erhaltung des Manuskripts nur diesem Umstand zu verdanken.

Verehrtester Freund!

Haben Sie für mich einige Verlagslust und Druckerkräfte übrig? Nur für Einen Bogen! Sehen Sie gütigst das beifolgende kleine Manuskript an, ob es Ihnen genehm wäre! Die Schrift müßte jedoch in nächster Woche fertig ausgegeben und versandt werden; jeder Verzug bringt Schaden und macht sie alt. Fürerst möcht' ich meinen Namen dabei n i c h t genannt wissen; später hab' ich kein Bedenken, daß man mich nenne. – Eine Art Gewissensdrang hat mir diese Mahnung ungeachtet eines starken Augenübels in diesen Tagen abgezwungen. Unsere Angelegenheiten in Frankfurt stehen leider sehr übel, und drohen die unheilvollste Wendung zu nehmen. Unsere Regierung benimt sich höchst ungeschickt, empfängt von Camphausen[1] *den schlechtesten Rath, läßt Männer vorzugsweise als die ihrigen gelten, die uns von Anfang die Gemüther entfernt haben! –*
Mit besten Grüßen hochachtungsvoll Ihr

ergebenster
Berlin, den 1. September 1848 *Varnhagen von Ense.*

Eintrag Varnhagen von Enses am 1. 9. 1848 in sein Tagebuch: „Meine kleine Schrift durchgesehen. Es war nahe daran, daß ich sie zerrissen hätte. Nach neuem Kampfe sandt' ich sie an Hrn. Georg Reimer mit einem Briefe. Ich habe das Meine gethan! – "

[1] Ludolf von Camphausen (1803–1890), zu dieser Zeit preußischer Bevollmächtigter bei der provisorischen Zentralgewalt in Frankfurt, suchte zwischen Frankfurt und Berlin zu vermitteln.

Der „Vortrag“ wurde sofort gedruckt, erschien also nach wenigen Tagen. Zur Wirkung vgl. den Eintrag in das Tagebuch vom 9. 9. 1848, wonach die Schrift in den Zeitungen „ungeheuer gerühmt“ wurde.

Im Verlagsarchiv befinden sich noch 13 Briefe Varnhagens von 1844–1853 und wenige andere Materialien.

22

Wilhelm Grimm (1786–1859), Bemerkungen für die 2. Auflage der kleinen Ausgabe der Kinder- und Hausmärchen. 26. Juni 1833. 1 S./ 1 Bl., 214 × 184 mm.

Über folgende vier Punkte bin ich mit Herrn Reimer am 26. Juni 1833 zu Göttingen mündlich übereingekommen.

1. Sie muß äußerlich die Gestalt u. Format eines Taschenbuchs haben (etwa wie des Musenalmanachs in der Weidman. Buchhandl.) und dieselben scharfen Lettern. Es werden zwei Ausgaben gemacht eine auf fein Papier (wie in jenem Musenalmanach oder den polnischen Liedern in der Weidmann. B.) mit Kupfern, u. eine andere auf gewöhnliches Maschinenpapier ohne Kupfer.

2. Da die bisherigen Kupfertafeln schwerlich noch eine hinlängliche Anzahl guter Abdrucke liefern, so wäre dann der Stahlstich in Carlsruhe vorzuziehen, der sich durch Sauberkeit und Reinheit empfiehlt. Das bisherige erste Kupfer zu Marienkind, pag 6. wo das Mädchen unter einem Baume sitzt, ist mislungen u. muß in jedem Falle durch ein bessres ersetzt werden[1].

Sodann ist ein farbiges Titelblatt nach der Weise der Zahnischen Ornamente[2] *hinzuzufügen. Es kann aus den schönsten Verzierungen*

[1] Die Kupfer stammten von Ludwig Emil Grimm. Für diese 2. Auflage wurde das erste Kupfer neu gestochen, die restlichen sechs wurden aus der ersten Ausgabe übernommen.

[2] Wilhelm Zahn (1800–1871) war Architekturmaler und ist mit Werken zur Ornamentik hervorgetreten. Diese Werke erschienen im Verlag Reimer. Im Verlagsarchiv befindet sich ein umfangreicher Komplex von etwa 200 Briefen Zahns, die seine Publikationen betreffen.

dieser Ornamente leicht componirt werden. In der Mitte mit goldner Schrift bloß den einfachen Titel Kinder und Hausmärchen. Ein zweiter ausführlicher Titel wird gedruckt.

3. Fünfzig Exemplare erhalten einen Goldschnitt u ein Futteral, ganz wie die Taschenbücher zu Weihnachten, alle Exemplare aber einen Einband von farbigem Papier mit einer farbigen Rosette ohne sonstige Verzierungen.

4. Ich erhalte dreißig Freiexemplare, darunter 15 Ex von der feinen Ausgabe mit Kupfern, und für die Auflage von 1500 Ex. ein Honorar von dreihundert und fünfzig Thalern pr. nach beendigtem Drucke zahlbar.

Wilh. Grimm

Dies ist die Reinschrift der zwischen Reimer und Wilhelm Grimm getroffenen Vereinbarung; das dazugehörende Konzept befindet sich in der Staatsbibl. Preuß. Kulturbesitz, Grimm-Schrank 1515, veröffentlicht von Wilhelm Schoof, G. A. Reimer und die Brüder Grimm: Börsenbl. f. d. dt. Buchhandel, Frankf. Ausg. 10, 1954, 498–503, 501f und ders., Zur Verlegergesch. der Grimmschen Märchen: Zeitschr. f. Volkskunde 52, 1955, 112–143, 129f.

Die sog. kleine Ausgabe – eine Auswahl von 50 Märchen aus der Originalausgabe (1812–1815 in 2 Bdn, 1819–1822 um 1 Bd vermehrt) – war erstmals 1825 bei Reimer erschienen. Sie ist die Grundlage der weiten Verbreitung der Märchen, kam sie doch neben ihrem Inhalt auch in ihrer äußeren Erscheinung als illustriertes Taschenbuch (die Originalausgabe hatte außer dem Titelkupfer keine Illustrationen) von geringem Umfang, ohne gelehrtes Beiwerk und mit geringerem Preis dem Geschmack einer breiten Käuferschicht entgegen; bis zum Tod von Wilhelm Grimm erschienen 10 Auflagen (die letzten nicht mehr bei Reimer). Die Beziehung Grimm-Reimer war durch Achim von Arnim vermittelt worden; Reimer hatte außer den Märchen auch die „Altdeutschen Wälder", den „Armen Heinrich" und die „Edda" in Verlag genommen. Honorarstreitigkeiten bei den Märchen (Reimer zahlte nicht oder zu wenig) führten nach unerfreulichen Auseinandersetzungen zu tiefer Verstimmung.

Exemplar der Kleinen Ausgabe der Kinder- und Hausmärchen aus dem Verlagsbesitz.

Im Verlagsarchiv befinden sich des weiteren 5 Briefe von 1837–1848 betr. die Herausgabe der Märchen. Im Brief vom 26. April 1841 steht ein weiterer Vertragsentwurf zu *einer neu zu veranstaltenden fünften Ausgabe der Kinder- u. Hausmärchen.* Die Briefe von Reimer an Grimm befinden sich im Grimm-Nachlaß in der Staatsbibl. Preuß. Kulturbesitz, Grimm-Schrank 1514 und 1515, vgl. Schoof. Von Jacob Grimm enthält das Verlagsarchiv 3 kurze Briefe unwesentlichen Inhalts.

23

Karl Lachmann (1793–1851), Brief an den Verlag Reimer. 6. März 1845. 1 S./1 Bl., 208 × 134 mm.

Um einigen Maßmannisch-Cottaischen Unternehmungen eine Warnung entgegen zu setzen, wird es wohl gut sein als künftig zu erscheinend den zweiten oder vielmehr ersten Band von Walther vdVogelw[eide] *so anzukündigen*

Minnesangs, Des, Frühling. Deutsche Lieder aus der zweiten Hälfte des zwölften Jahrhunderts, gesammelt von K. Lachmann.

Wenn es nur etwas hilft. Ganz
6/3.45 der Ihrige
Lachmann

Es handelt sich um die Ankündigung einer der grundlegenden Editionen mittelhochdeutscher Dichtung: Des Minnesangs Frühling, begonnen von Karl Lachmann, nach dessen Tod von Moriz Haupt 1857 bei Hirzel herausgegeben (Exemplar der UB/FU: 3 L 217); inzwischen ist 1977, von Hugo Moser und Helmut Tervooren bearbeitet, die 36. neugestaltete und erweiterte Auflage erschienen. Der Titel ‚Frühling' war von Lachmann in Anlehnung an Andreas Tschernings „Deutscher Getichte Frühling" (Breslau 1642) gewählt worden (vgl. Lachmanns Briefe an Moriz Haupt, hg. v. J. Vahlen, Berlin 1892, 113). Die Zählung des „zweiten vielmehr ersten" Bandes bezieht sich auf eine ‚historische' Zählung: der hier angekündigte ‚Frühling' sollte den frühen Minnesang (vor und neben Walther) bringen, der schon edierte Walther von der Vogelweide repräsentierte so den ‚zweiten' Band (die Ausgabe war zuerst 1827 und 1843 in der 2. Auflage erschienen), „wie der dritte Theil, wenn es je dazu kommt, ‚Walthers Schule' heißen soll" (Lachmann an Haupt, ebd.). Zu diesem Band kam es nie. (Auch der später von Haupt offenbar geplante ‚Des Minnesangs Sommer' ist nie erschienen, vgl. Briefwechsel Franz Pfeiffer–Karl Bartsch, hg. v. H.-J. Koppitz, Köln 1969, 75; Minnesang-Ausg. Moser/Tervooren, II 9, Anm. 5).

Hans Ferdinand Maßmann (1797–1874), Anhänger der Turnerbewegung, Schriftsteller und Germanist, hatte altdeutsche Editionen herausgebracht, denen von Lachmann und seinem Kreis mit Recht Unwissenschaftlichkeit vorgeworfen wurde.

Im Verlagsarchiv befindet sich noch eine Notiz Lachmanns an Georg Ernst Reimer von [1845], die Zahl und Empfänger von Freiexemplaren des „Babrius", einer von Lachmann und August Meineke 1845 herausgegebenen Fabelsammlung, betrifft.

24

Theodor Mommsen (1817–1903), Brief an Georg Ernst Reimer. Berlin, 20. Oktober 1880. 2 S./1 Doppelbl., 220 × 143 mm.

Mommsen verteidigt eine Erklärung, die gegen eine von Treitschke mitunterschriebene antisemitische Schrift gerichtet ist.

Lieber Reimer,

Es thut mir leid, wenn meine Erklärung von Dir gemißbilligt wird; aber wahr ist sie nur zu sehr. Was hilft es, daß Treitschke der ‚Reaction[1] *des Volksgefühls' ein Mäntelchen umhängt und einige Ausnahmen gelten läßt! ist er es darum weniger, der dem Hepp*

[1] Gestrichen: „Agitation".

Hepp[2] *seine gewaltige Stimme geliehen hat? Wenn Du wüßtest, wie die Antisemitenadreße im Augenblick unter den Studenten unter seiner Aegide colportirt wird, Du würdest anders sprechen. Gestern haben ihm die Gardeoffiziere und die Antisemiten in corpore in der Vorlesung ihre Huldigung dargebracht! Für mich kann bei solchen Gegensätzen kein Freundschaftsverhältniß bestehen; ich weiß wohl, daß ich einen Freund weniger hab, aber ich weiß das schon seit dem Erscheinen seiner unseligen Artikel.*

Ch[arlottenburg] *20/10. 80*[3] *Dein M.*

Eine an der Universität Leipzig in Umlauf gebrachte Schrift antisemitischen Inhalts wurde auch an der Berliner Universität verbreitet; sie trug nebst anderen die Unterschrift des Berliner Historikers Heinrich von Treitschke. Mommsen antwortete darauf in der von Reimer mißbilligten Entgegnung „Auch ein Wort über unser Judenthum" (Berlin 1880; 3.–5., um ein Nachwort ergänzte Auflage 1881 = Theodor Mommsen, Reden und Aufsätze, Berlin ³1912, 410–426). Treitschke verteidigte sich in einer „Erwiderung an Herrn Th. Mommsen" in den von ihm redigierten und im Verlag Georg Reimer erscheinenden „Preußischen Jahrbüchern" (46, 1880, 661–663), wo er darlegte, wie seine Unterschrift gegen seinen Willen unter die antisemitische Schrift gesetzt worden war. Seine von Mommsen so genannten *unseligen Artikel* erschienen ebenfalls in den „Preußischen Jahrbüchern" (44, 1879, 572–576; 45, 1880, 85–95. 224f). – Treitschke selbst nimmt in drei an Ernst Reimer gerichteten Briefen zu dem Konflikt mit Mommsen Stellung (26. 11., 12. 12. 1880; 2. 1. 1881 [im Verlagsarchiv]). An Mommsen selbst schreibt er am 15. 12. 1880 zu dem Konflikt (Heinrich v. Treitschke, Briefe, Leipzig, III 1920, 525f).

---

[2] „Hepp Hepp" leitet sich her von „Hep" = Hierosolyma est perdita, dem ‚Kampfruf' von antisemitischen Progromen (vgl. die „Hep-Hep-Krawalle" 1819; s. dazu E. Weinzierl, Art. Antisemitismus: Theolog. Realenzyklopädie 3, 1978, 157).

[3] Das auf S. 1 oben links von fremder Hand eingetragene Datum „20. 10. 1881" ist falsch.

Im Verlagsarchiv befinden sich 67 Briefe, 9 Briefkarten und 2 Postkarten von Mommsen aus den Jahren 1850–1900 sowie 2 Briefe Georg Ernst Reimers an Mommsen. Es handelt sich um zumeist kurze Mitteilungen zu Verlagsproblemen, die z. T. nur auf Zettel geschrieben sind.

25

Hermann von Helmholtz (1821–1894), Brief an Georg Ernst Reimer. Potsdam, 14. August 1847. $1^1/_2$ S./1 Doppelbl., 280 × 225 mm. (Abb. 7)

Anfrage an den Verlag, ob dieser sein Werk „Über die Erhaltung der Kraft" übernehmen wolle. *Gegenstand derselben ist der Versuch, ein bisher nur mit Beschränkungen angewendetes, nothwendiges Grundgesetz der Mechanik ganz allgemein durchzuführen, eine Idee, die* [. . .] *hier zum ersten Male vollständig ausgeführt ist. Meine Abhandlung, das kurz zusammengedrängte Resultat einer weitläuftigen und genauen Durcharbeitung aller Zweige der Physik, hat bisher* [. . .] *viel Anerkenntniß gefunden . . .* Es folgt die Nennung wissenschaftlicher Referenzen und publizierter Arbeiten, darauf die Honorarfrage: *Ich sehe ein, dass bei den obwaltenden Umständen das Honorar kein Äquivalent für die Arbeit sein könne, welche in den wenigen Bogen steckt, und muß es Ihrer rühmlichst bekannten Liberalität anheimstellen, mir dafür eine so große Entschädigung zu Gute kommen zu laßen, als es die Umstände erlauben.*

Als Honorar wurden, wie die Notiz am linken Briefrand vermerkt, 1 Friedr.d'or (wohl pro Bogen) und 15 Freiexemplare angeboten. Die Erstausgabe erschien noch im gleichen Jahr 1847 bei Reimer.

Exemplar der UB/FU: 48/70/90332 Rara.

Helmholtz war zu dieser Zeit Militärarzt in Potsdam. Das nicht sehr umfangreiche Buch – es umfaßt 72 Seiten – bietet die erste umfassende Behandlung des Energiesatzes (Erster Hauptsatz der Thermodynamik): Ausgehend von der Annahme, daß es keine

Potsdam d. 14. 8. 47.

Euer Wohlgeboren

übersende ich beiliegend das Manuscript einer physikalischen Abhandlung „über die Erhaltung der Kraft“ mit der Anfrage, ob Sie vielleicht geneigt wären, dieselbe in Verlag zu nehmen. Sie würde etwa 3–4 Druckbogen stark werden, ohne Kupfertafeln, mit verhältnißmäßig wenig mathematischem Druck. Gegenstand derselben ist der Versuch, ein bisher nur mit Beschränkungen angewendetes, nothwendiges Grundgesetz der Mechanik ganz allgemein durchzuführen, eine Idee, die in anderen Zeiten von vielen Seiten in Anregung gekommen, aber hier zum ersten Male vollständig ausgeführt ist. Meine Abhandlung, das kurz zusammengedrängte Resultat einer weitläufigen und genauen Durcharbeitung aller Zweige der Physik, hat bisher, so weit ich sie privatim mitgetheilt habe, viel Anerkenntniß gefunden, und es wurde mir gesagt, daß für dieselbe auch ein allgemeineres Interesse zu erwarten sei. In dieser Beziehung habe ich von Herrn Professor Magnus in Berlin die Erlaubniß bekommen, mich bei Ihnen auf sein Urtheil beziehen zu dürfen; Sie würden auch von den Herren E. du Bois Reymond und Brücke nähere Auskunft über dieselbe erhalten können. In Bezug auf meine früheren wissenschaftlichen Arbeiten 1) die Inauguraldissertation de fabrica systematis nervosi Evertebratorum, eine mikroskopische Untersuchung 2) den Aufsatz „über das Wesen der Fäulniß und Gährung“ in Müllers Archiv für Physiologie 1843 S. 451, abgedruckt im Journal für prakt. Chemie 1844. Bd. XXXI S. 429 3) den Aufsatz „über den Stoffverbrauch während der Muskelaction“ Müllers Archiv 1845 S. 72 4) den Artikel „thierische Wärme“ in dem encyclopädischen Lexicon der medicinischen Wissenschaften, von der Berliner Facultät herausgegeben, insofern danach meine Befähigung zu wissenschaftlichen Arbeiten vielleicht beurtheilt werden könnte, kann ich mich wohl am besten auf Herrn Professor J. Müller berufen. Ich sehe ein, daß bei den obwaltenden Umständen das Honorar kein Äquivalent für die Arbeit sein kann, welche in den wenigen Bogen steckt, und muß es Ihrer rühmlichst bekannten Liberalität anheimstellen, mir dafür eine so große Entschädigung zu geben

18/8
1 Friedrichsdor
15 Kurant

Maschine gibt, die Arbeit leistet, ohne die entsprechende Energie aus einer äußeren Quelle zu schöpfen – denn sonst gäbe es ein ‚perpetuum mobile' – gelangt Helmholtz durch die Analyse zahlreicher Experimente (u. a. von Joule, Carnot, Clapeyron, Wollaston, Faraday, Lenz, Poggendorf, Ohm, Becquerel) mit der ganzen Scala physikalischer Energieformen zu der Aussage, daß alle Arten von Energie, wie z. B. Wärme, Licht, Elektrizität und alle chemischen Phänomene ineinander umwandelbar sind. Sie können aber nicht neu geschaffen und auch nicht vernichtet werden.

Abdruck des Briefes in: Leo Koenigsberger, Hermann von Helmholtz, 3 Bde, Braunschweig 1902–03, I 77–79 und in: Litterarische Mitteilungen. Festschrift zum zehnjährigen Bestehen der Litteraturarchivgesellschaft in Berlin, Berlin 1901, 142f.

Im Verlagsarchiv befinden sich 6 weitere Briefe von 1847–1881.

26

Rudolf Virchow (1821–1902), Prospectus für das „Archiv für pathologische Anatomie und Physiologie und für klinische Medizin" („Virchows Archiv"). April 1847. 1 S./1 Bl., 355 × 210 mm.

Indem wir ein neues medicinisches Journal eröffnen, sind wir zunächst einem Bedürfniß nachgekommen, welches uns selbst u. mit uns das nördliche Deutschland durch den Mangel jeder charaktervoll redigirten Zeitschrift empfindlich traf. Wir haben von unserem Archiv Alles ausgeschlossen, was nicht mit der eigentlichen Medicin (der Pathologie u. Therapie) in direkter Verbindung steht. Der Anatomie u. Entwicklungsgeschichte, der Physiologie u. Chemie wird dasselbe nur in soweit offen sein, als sie auf die medicinischen Anschauungen direkt angewandt sind. Vielleicht hätten wir unsern Kreis noch enger gezogen, wenn eine absolute Isolirung der einzelnen Disciplinen in der jetzigen Zeit uns möglich erschiene.

Abb. 7. H. v. Helmholtz, Brief an G. E. Reimer vom 14. 8. 1847 (Nr. 25)

Der Standpunkt, den wir einzuhalten gedenken u. dessen weitere Motivirung sich in dem ersten Hefte vorfindet, ist der einfach naturwissenschaftliche. Die practische Medicin als die angewandte theoretische, die theoretische als pathologische Physiologie ist das Ideal, dem wir, soweit es unsere Kräfte gestatten, zustreben werden. Die pathologische Anatomie u. die Klinik, obwohl wir ihre Berechtigung u. Selbständigkeit vollkommen anerkennen, gelten uns doch vorzugsweise als die Quellen für neue Fragen, deren Beantwortung der pathol. Physiologie zufällt. Da aber diese Fragen zum großen Theil erst durch ein mühsames u. umfassendes Detail-Studium der Erscheinungen am Lebenden u. der Zustände an der Leiche bestimmt formulirt werden müssen, so setzen wir eine genaue u. bewußte Erweiterung der anatomischen u. klinischen Erfahrungen als die erste u. wesentlichste Fordrung der Zeit. Aus einer solchen Empirie resultire dann allmählich die wahre Theorie der Medicin, die pathologische Physiologie!

Wir prätentiren daher keineswegs Arbeiten, von denen jede die Beantwortung einer Frage zum vollkommenen Abschluß bringt, aber wir verlangen, daß jede Arbeit, als das Resultat detaillirter Untersuchungen, eine Frage wirklich fördert. Deshalb haben wir es vorgezogen, den Zwang, welcher mit einer periodischen Veröffentlichung nothwendig gegeben ist, zu umgehen, u. nur dann ein neues Heft zu publiciren, wenn uns Arbeiten der bezeichneten Art in hinreichender Menge zu Gebote stehen. Wir hoffen aber vorläufig, für das Jahr einen Band von etwa 36 Bogen in Aussicht stellen zu dürfen: die Theilnahme der arbeitenden, sowie der lesenden Ärzte wird über das Weitere entscheiden.

Unser Archiv wird endlich nur Originalarbeiten bringen: in wie weit kritische u. übersichtliche Darstellungen darin Platz finden werden, soll von dem späteren Bedürfniß abhängen. –

Berlin, April 1847

Dr. Rud. Virchow	*Dr. Benno Reinhardt*
Prosector bei dem Charité-Krankenhaus	*Praktischer Arzt*

Auf der Rückseite in der Handschrift Reimers:

Der unterzeichnete Verleger der vorstehend angekündigten Zeitschrift, von welcher mit dieser Anzeige zugleich das 1te Heft erscheint, hat nur noch hinzuzufügen, daß der Preis für jeden aus 3 Heften bestehenden Band 3 Thaler betragen wird und Bestellungen darauf in allen Buchhandlungen angenommen werden.

Berlin 6ten April 1847 *G. Reimer*

Die Zeitschrift erschien von 1847 bis 1920 (seit 1903 unter dem erweiterten Titel: „Virchows Archiv für ...") im Verlag Reimer, und ging dann mit dem 228. Band an den Verlag Julius Springer über.

Bd 1 (1847) – Exemplar der UB/FU: 2 ZR 240–1

Das Verlagsarchiv bewahrt noch 160 Briefe Virchows aus den Jahren 1847–1896, die meist das „Archiv" betreffen.

27

Ferdinand Lassalle (1825–1864), 2 Briefe an Georg Ernst Reimer.

a. Düsseldorf, 4. März 1857. 8 S./2 Doppelbll., 280 × 226 mm, hsl. Vermerk S. 1 oben links: *abgelehnt 5. 3.*

Geehrter Herr

Durch Gegenwärtiges beabsichtige ich Ihnen den Verlag eines Werkes anzubieten, welches, das Resultat einer vieljährigen Arbeit, so eben von mir beendet worden ist. Es ist eine neue Sammlung der Fragmenta und Zeugniße über einen der wichtigsten Philosophen des Alterthums, Herakleitos den Dunkeln von Ephesus, und eine Darstellung seiner Philosophie.

Lassalle stellt dann sein Buch vor, indem er es zunächst von den bisher erschienenen Arbeiten zu Heraklit abgrenzt. Demnach stelle sein Werk philologisch und philosophisch einen völligen Neuansatz dar. Er habe sich bemüht, beide Seiten *mit gleicher Liebe und Vollständigkeit ... zu behandeln.* In bezug auf den philologischen Aspekt hebt er hervor, daß ihm zahlreiche bisher unbekannte und auch übersehene Fragmente Heraklits zugänglich waren, die die Untersuchung der Philosophie auf eine erheblich breitere Textbasis stellten. Dann fährt er fort:

Ich komme auf die mehr philosophische Seite der Sache. Irre ich nicht, so ist die Philosophie des Ephesiers im Allgemeinen wie im einzelnen bisheran vollständig falsch aufgefaßt worden. Nur Hegel hat in der in seiner Gesch. der Phil. enthaltenen flüchtigen Skizze einen Hauptpunct des heraklitischen Systems mit gewohnter Meisterschaft herausgegriffen u. eben hingeworfen. Aber in einer derartigen Skizzierung war es ihm freilich nicht möglich, den Punct zum System zu entwickeln u. durch seine Verfolgung die wahre Tiefe u. geschloßene Abrundung der heraklitischen Philosophie zu erkennen. Mit Unrecht hebt er daher einen solchen Punct, – der selbst noch nicht einmal das innerste *Centrum heraklitischer Lehre ist – heraus u. bezeichnet das Uebrige bei Heraklit als ein mit seinem Grundgedanken nicht mehr zusammenhängendes u. kein philosophisches Interesse gewährendes willkürliches Material. Bei einer monographischen Ausführung seines Gedankens würde Hegel ohne allen Zweifel die heraklitische Philosophie erkannt haben als das, was sie ist: als das merkwürdigste u. geschlossenste System, das uns das Alterthum hinterlassen hat. Wegen jenes Uebelstandes ist daher auch Hegels Meinung bisheran fast ohne allen Einfluß auf die philosophischen Darsteller Heraklits geblieben. ...*

Lassalle teilt dann mit, daß er auch auf andere antike Philosophen, die unter dem Einfluß Heraklits stehen – besonders die Stoiker und Plato –, eingeht und zu teilweise ganz neuen Einsichten kommt.

Wie aus dem Bisherigen wohl schon hervorgeht war ich bemüht, nicht in der bisher üblichen Weise die Darstellung der Meinungen eines Philosophen durch Zusammenreihung seiner Aussprüche an irgend einen Faden zu geben, sondern einen wirklichen Beitrag zur Geschichte des menschlichen Denkens zu liefern! Das war überall mein Hauptzweck, zu dem sich mir alles Material stets als dienende Magd verhielt, den merkwürdigen Wendepunkt nach jeder Seite hin genau festzustellen, den Heraklit in der Entwicklung des griechischen u. des welthistorischen Geistes überhaupt bezeichnet.

Abschließend hebt Lassalle hervor, daß er in seinem Buch auch ausführlich auf das Verhältnis Heraklits zum religiösen Denken seiner Zeit eingeht. Der Brief schließt dann:

Soviel über den Inhalt des Werkes, welches im Allgemeinen vom Standpunct der hegelschen Philosophie gehalten, in Bezug auf Styl aber mit möglichster Popularität u. Vermeidung der hegelschen termini technici geschrieben ist. – Ueber den wissenschaftlichen Werth des Werkes steht dem Verf. natürlich kein Urtheil zu. . . . Und soviel glaubt der Verf. mit gutem Gewissen versichern zu können, daß von Jedem, der sei es Philosophie, sei es Philologie, sei es Mythologie, sei es selbst irgend einen anderen Zweig der realen Alterthumswissenschaft näher studirt, das Buch wegen seines in die mannigfachsten Gebiete derselben eingreifenden Inhalts gar bald wird gekauft werden müssen. . . . Ohne nun um eine Verlagshandlung in Verlegenheit zu sein, muß ich gestehen, daß ich besonderen Werth darauf lege, das Werk bei Ihnen erscheinen zu lassen. Einmal ist mir an der größtmöglichsten Beschleunigung der Herausgabe ganz hauptsächlich viel gelegen u. eine solche kann ich natürlich nur bei einem großen mit philologischem Verlag beschäftigten Hause, dem größere Mittel zu Gebote stehen, erwarten. Dann wäre es mir, zumal ich ohnehin beabsichtige, sei es früher oder später nach Berlin zu gehen, auch für die fortlaufenden wissenschaftlichen Publikationen, die ich beabsichtige, sehr wünschenswerth, mit einem so großen u. rühmlichst bekannten Hause wie dem Ihrigen ein für allemal in Verbindung getreten zu sein.

Wenn Sie demnach, geehrter Herr, geneigt sind, den Verlag des Werkes zu übernehmen, so würde ich, der ich ohnehin schon wegen meines schwer leserlichen Manuscripts schlechterdings während des Druckes dort sein muß, im Lauf von 14 Tagen, spätestens 3 Wochen mit dem Manuscript nach Berlin kommen, das Nähere persönlich mit Ihnen ordnen und zur Besorgung der Correctur während des Druckes dort bleiben.

Jedenfalls rechne ich auf die Freundlichkeit einer recht baldigen Antwort, um so mehr als mir die Herausgabe wie bereits bemerkt, aus vielen Gründen sehr eilt.

Mit vorzüglicher Hochachtung

Düsseldorf 4 März 1857 *FLassalle*

Adresse: F. Lassalle Düsseldorf

b. Düsseldorf, 7. März 1857. 4 S./1 Doppelbl., 228 × 140 mm.

Antwort auf die Ablehnung. Lassalle bietet Reimer die Deponierung von Staatspapieren zur Absicherung gegen einen eventuellen finanziellen Verlust an.

Geehrter Herr

Wenn Sie die Uebernahme des fragl. Werkes ablehnen, weil Ihnen bei dem Umfange und Gegenstande desselben bedenklich erscheint, ob sich eine hinreichende Anzahl von Käufern finden wird, so kann ich diese Befürchtung, wenn ich sie auch nicht theile, doch weder überraschend noch unbillig finden. Doch würde ich in der Lage sein, Sie gegen dieselbe sicher stellen zu können. Ich würde mich nähmlich wahrscheinlich entschließen, einen den gesammten Kostenbetrag übersteigenden Werth in Staatspapieren bei Ihnen zu deponieren[1]*, mit der Maaßgabe, daß, wenn in einigen Jahren sich das Werk nicht bereits selbst bezahlt gemacht hat, Sie Sich für sämtliche Kosten, Capital wie Zinsen, aus dem Deposito bezahlt machen können.*

[1] Lassalle, der sich lange Zeit in finanziellen Schwierigkeiten befunden hatte, erhielt seit 1854 von der Gräfin Sophie Hatzfeld, deren Scheidungsprozeß er seit 1846 geführt hatte, eine jährliche Rente von 4000 Talern, die ihm einen nicht unbeträchtlichen Wohlstand verschaffte und dieses Angebot letztlich ermöglichte. (Vgl. H. Oncken, Lassalle. Zwischen Marx und Bismarck, 1904, 5., neubearb. Aufl. mit einem Vorwort von F. Hirsch, Stuttgart u. a. 1966, 104)

Auf diese Weise wäre j e d e *Chance eines Verlustes für Sie beseitigt u. nur die* C h a n c e d e s G e w i n n s *vorhanden, der nach meinem subjektiven Dafürhalten auch die wirklich eintretende u. vielleicht in keinem geringen Maaße eintretende sein wird.*

Somit würde hierdurch der Grund der Ablehnung wohl beseitigt sein. Ueberdies hat Ihr Haus ja so oft gezeigt, daß es auch in einem wissenschaftlichen Interesse zu handeln versteht u. daß Sie diesmal der Wissenschaft einen wirklichen Dienst erweisen – u. noch dazu ohne j e d e *Chance eines Verlustes für Sie – mag Ihnen schon daraus hervorgehen, daß ich mich ohne diese Uebereignung ja gewiß nicht zu einer Bedingung wie die vorstehende entschließen würde.* M i r *aber würden Sie trotz meines alleinigen Einstehens für den Fall des Verlustes noch immer durch den Verlag des Werkes einen Dienst erweisen. Denn einem* r h e i n i s c h e n *Verleger des Werkes mag ich dasselbe unter keinen Umständen, auch zu den besten Bedingungen nicht geben, weil man hier auf philologisches Material nicht eingerichtet ist. . . . Nun werden Sie aber begreifen, wie peinvol*[l] *es mir sein müßte, mich erst noch an vielleicht 2–3 Herren mit ähnlichen weitläufigen E*[x]*plikationen, wie ich Sie Ihnen gegeben habe, zu wenden und so gleichsam hausiren zu gehen. Da entschließe ich mich lieber selbst, vor den Riß zu treten! . . . Wollen Sie mir auch gefälligst sagen, wie hoch mich* u n g e f ä h r *– mit einer genaueren Berechnung fällt es mir nicht ein Sie incommodiren zu wollen – die Sache zu stehen kommen würde bei einer Bogenzahl von 55 u. bei einer Auflage sei es von 1000 sei es von 2000 Exemplaren. Entschließe ich mich dann, wie ich fast sicher glaube, definitif dazu, so komme ich Ende des Mts. hin, um das Nähere zu ordnen. – Entschuldigen Sie wenn ich Sie nochmals mit dieser Angelegenheit incommodirt habe. Aber in der obigen Offerte eventueller Garantie schien mir eine Berechtigung hierzu zu liegen, und was den von Ihnen aus Ihrer Ueberhäufung mit Verlagsartikeln hergeleiteten Grimm betrifft, so hoffe ich nunmehr, daß Sie aus Rücksicht auf die in diesem Briefe erwähnten Umstände und Mißlichkeiten für mich u. wenn ich selbst der Sache so große Opfer zu bringen geneigt bin, ihn* *auch Ihrerseits in den Hintergrund treten lassen werden. Auch sind 55 Bogen nicht so erstaunlich viel.*

Ihrer geehrten Antwort entgegensehend mit ausgezeichneter Hochachtung Ew. Wohlgeboren ergebenster

F. Lassalle

Düsseldorf 7. 3. 1857

Trotz dieses Angebots blieb Reimer bei seiner Ablehnung. Lassalles Arbeit erschien im Verlag von Franz Duncker, der ebenfalls in Berlin ansässig war (Die Philosophie Herakleitos des Dunklen von Ephesos, 2 Bde., 1858 = Ferdinand Lassalles Gesammelte Reden und Schriften, hg. v. E. Bernstein/P. Cassirer, Berlin, VII–VIII 1920).

Mit Heraklit und dessen Philosophie hatte Lassalle sich schon seit Anfang der 1840er Jahre beschäftigt. Die von der Philosophie Hegels, mit dem Lassalle im Winter 1841/42 erstmals zusammengetroffen war, inspirierte Arbeit war als Doktorarbeit und als Einstieg in eine akademische Karriere konzipiert. Sie soll schon Anfang 1846 nahezu vollständig abgeschlossen gewesen sein (Oncken, a. a. O. 48). Lassalle konnte sein Werk jedoch erst ca. 10 Jahre später abschließen; zu einer Promotion ist es nie gekommen.

Lassalles Ankündigung, er werde *im Lauf von 14 Tagen, spätestens 3 Wochen* (Brief vom 4. 3.) bzw. *Ende des Monats* [März] (Brief vom 7. 3.) nach Berlin kommen, ist recht kühn: Trotz zweier Versuche 1855 (s. Oncken, a. a. O. 105 f) war es ihm nicht gelungen, von den Berliner Polizeibehörden eine Aufenthaltserlaubnis zu erhalten. Erst auf Grund eines im April (!) 1857 gestellten Antrags wurde ihm „behufs des Gebrauchs einer Augenkur und der Herausgabe des von ihm verfaßten Werkes über Heraklit“ eine zunächst auf 6 Monate befristete Aufenthaltserlaubnis erteilt (zit. nach Oncken, a. a. O. 108). Im selben Monat befand er sich schon in Berlin.

28

a. Ernst Haeckel (1834–1919), Brief an Georg Ernst Reimer. Jena, 8. November 1861. 1 S./1 Bl., 216 × 137 mm.

Lieber Georg!

Der plötzliche Eintritt unverhofft günstiger Umstände in meinen akademischen Verhältnissen, über die ich Dir, da sie noch tiefstes Geheimniß sind, erst mündlich zu Weihnachten Näheres mittheilen kann, machen es mir zum dringensten Wunsche, das Radiolarien=Werk möglichst bald zu beendigen, damit es spätestens Anfang Februar erscheinen kann. Ich möchte Dich daher freundlichst bitten, den Druck, soweit es angeht, möglichst zu beschleunigen ... Ich habe noch eine Bitte an Dich, nämlich mir [...] ein Exemplar auf starkem Velinpapier abziehen zu lassen, welches ich hier höchsten Ortes (vielmehr „allerhöchsten Ortes"!) überreichen muß. Der Grund dieser Bitte ist wichtiger, als sie aussieht! – ...

Der Brief bezieht sich auf die in Aussicht stehende Ernennung zum außerordentlichen Professor an der Universität Jena. Die Schreiben der kommenden Monate behandeln ausschließlich die rechtzeitige Drucklegung der „Monographie der Radiolaren", die für Haeckel, wie es im Brief vom 29. Januar heißt, zur *Lebensfrage* geworden ist, bis er am 5. Juni 1862 schreiben kann: *Endlich ist das Ziel erreicht und es stellt sich hiermit der außerordentliche Professor und Director des zoologischen Museums an der Universität Jena vor, durch den Du wohl weniger überrascht sein wirst, als viele andre meiner Freunde!* Die Ernennung war am 3. Juni 1862 erfolgt.

b. Ernst Haeckel an Georg Ernst Reimer. Jena, 19. September 1868, 6 S./3 Bll., 224 × 140 mm.

... Nun erhalte ich soeben Deinen freundlichen Brief mit dem Honorar für die ‚natürl. Schöpfungsgeschichte'. Für beides meinen besten Dank, ganz besonders aber für die 50 Freiexemplare,

welche mir höchst willkommen sind. Ich hatte eigentlich nur 40 gewünscht, fand aber jetzt, bei Zusammenstellung der Leute, denen ich das Buch schenken möchte, eine so ungewöhnliche Zahl an Anspruchmachenden, das ich die 50 sehr gut brauchen kann. 22 Exemplare habe ich hier allein in Jena an Freunde und Collegen zu vertheilen, und zwar größtenteils an solche, die sich das Buch doch nicht gekauft haben würden, da sie es hier leicht geliehen bekommen können, denen es aber sehr erwünscht ist, von mir selbst ein Exemplar „zu frdl. Erinnerung" zu erhalten! ...

Schon viele Freunde der generellen Morphologie und der darin vertretenen Ansichten haben mir übereinstimmend den Wunsch ausgesprochen, ich möchte womöglich bald eine zweite Ausgabe resp. Umarbeitung veranstalten, welche sich von der ersten durch folgende Vorzüge auszeichnet:

1. Verkürzung und gedrängtere Darstellung.

2. Weglassung aller persönlichen Polemik, sowie aller schlechten Witze, etc.

3. Weglassung aller nicht streng zur Sache gehörigen Abschweifungen.

4. Vermeidung der vielen neuen Fremdwörter und faßlichere Darstellung.

– Das sind in der That die schlimmsten Schattenseiten des Buches, entsprungen aus der pathologisch-gereizten Stimmung, in welcher ich dasselbe schrieb[1]*. Sie haben dem Ganzen sehr geschadet, und es wäre mein lebhafter Wunsch, eine zweite Ausgabe zu veranstalten*

---

[1] Die „pathologisch gereizte Stimmung" entsprang zum einen dem Schmerz über den plötzlichen Tod seiner Frau (am 16. Februar 1864) und zum anderen der ausschließlichen Hingabe an seine wissenschaftliche Arbeit, mit der er über den Verlust hinwegkommen wollte. Er schrieb die „Generelle Morphologie der Organismen" in etwa einem Jahr nieder. (Vgl. hierzu: Der gerechtfertigte Haeckel. Einblicke in seine Schriften aus Anlaß des Erscheinens seines Hauptwerkes „Generelle Morphologie der Organismen" vor 100 Jahren. Eingel. und zus.gestellt von Gerhard Heberer, Stuttgart 1968, Einleitung).

(von cc 40 Bogen, also ungefähr dem halben Umfang, nur ein Band) welche von jenen mit Recht gerügten Mängeln frei ist[2].

– Ich bitte Dich nun, lieber Georg, mir ganz offen Deine Meinung darüber zu schreiben . . .

Exemplare der UB/FU: Generelle Morphologie der Organismen. Allgem. Grundzüge der organischen Formen-Wissenschaft. 2 Bde. 1866: 1 S 15. – Natürliche Schöpfungsgeschichte. Gemeinverständl. wiss. Vorträge über die Entwicklungslehre . . . 2. verb. und verm. Aufl. 1870: 1 S 7².

c. Ernst Haeckel, Postkarte an W. de Gruyter. Jena, 22. November 1904. Haeckel dankt für den Erhalt eines Buches.

d. Ernst Haeckel, Brief an W. de Gruyter. Jena, 10. Oktober 1915, 4 S./1 Doppelbl., 227 × 145 mm.

Bitte um Übernahme seines neuen Buches „Ewigkeit".

Hochgeehrter Herr Doktor!

Seit Beginn dieses Jahres (– in welchem ich bisher noch Nichts veröffentlicht habe –) bin ich mit einer Arbeit beschäftigt, deren Manuskript (circa 110–120 Druckseiten fassend) in nächster Woche fertig wird. Der Titel dieser gemeinverständlichen Schrift ist:

Ewigkeit.
Weltkriegs-Gedanken über
Leben und Tod, Unsterblichkeit und Entwicklung.
Die vier Kapitel behandeln
(mit Bezug auf die grossen aktuellen Zeitfragen):
I. Weltkrieg und Naturgesetz,
II. W. _____ Religion,
III. W. _____ Kardinalfrage,
IV. W. _____ Entwicklungslehre.

Die Schrift, auf weiteste Leserkreise berechnet, baut sich ganz auf den grundlegenden Arbeiten auf, welche ich vor 50 Jahren im Ver-

[2] Eine neue Bearbeitung kam nicht zustande. Erst 1906 erschien „Prinzipien der generellen Morphologie der Organismen", ein wörtlicher Nachdruck einzelner Teile des alten Werkes in einem Band.

lage von G e o r g R e i m e r *veröffentlicht habe: „Generelle Morphologie und Natürliche Schöpfungsgeschichte"; sie ergänzt auch die Vorträge über den „Kampf um den Entwicklungs-Gedanken", ...*

Der Rein-Ertrag der Broschüre würde bestimmt sein für die „Unterstützung der Hinterbliebenen der deutschen Krieger, welche ihr Leben und ihr Familien-Glück der Rettung des Vaterlandes und der Erhaltung des Völkerrechtes geopfert haben" – dies wäre auch auf der Rückseite des Titelblatts zu bemerken. Auf H o n o r a r *würde ich im Hinblick auf diesen patriotischen und philanthropischen Zweck* V e r z i c h t *leisten, um der Schrift durch einen möglichst billigen Ladenpreis eine recht weite Verbreitung zu sichern. – ...*

Hsl. Notiz von Walter de Gruyter am Schluß des Briefes über die am 16. Oktober an Haeckel telegraphisch übermittelte Zustimmung des Verlags.

Diese seine letzte Schrift hatte Haeckel, wie er an seine Enkelin Else Meyer am 31. 10. 1915 schreibt, in vier Wochen heruntergeschrieben (E. Haeckel, Forscher, Künstler, Mensch. Briefe hg. von Georg Uschmann, Leipzig usw. 3. Aufl. 1961, 267). Sie erschien 1915 im Reimerschen Verlag.

Im Verlagsarchiv befindet sich eine umfangreiche Sammlung von Haeckels Korrespondenz: etwa 160 Briefe und 9 Postkarten. Sie bezeugen das recht enge Verhältnis zwischen Haeckel und Reimer und betreffen sowohl seine wissenschaftlichen Arbeiten bzw. deren Publikation wie auch private Angelegenheiten.

29

Helene Lange (1848–1930), Brief an den Verlag Reimer. Berlin, 21. Februar 1886. 2 S./1 Doppelbl., 180 × 114 mm.

Sehr geehrter Herr! *Berlin, den 21/2. 86*
Dessauerstr. 23

Auf Veranlassung des Herrn Prof. Pfleiderer[1]*, der sich freundlichst zu weiterer Auskunft erbötig erklärt hat, erlaube ich mir die ergebene*

[1] Otto Pfleiderer, Verfasser religionsphilosophischer Arbeiten und Autor des Verlags.

Anfrage, ob Sie geneigt sein würden, den Verlag der in der Beilage recensierten Vorträge zu übernehmen. Ich begleite die Anfrage vorläufig mit keiner Manuscriptsendung, da ja möglicherweise schon das unmoderne Thema sowie der Umstand, daß eine Frauenarbeit vorliegt gegen die Annahme entscheiden wird. Sollten Sie freundlichst das Manuscript einer Einsicht unterziehen wollen, so dürfte ich Sie wohl um Angabe einer Zeit bitten, in der ich zu persönlicher Rücksprache gelegen käme.

Die Recensionen bitte ich mir wieder zugehen lassen zu wollen.

In vorzüglicher Hochachtung

Helene Lange

Vermerk oben links auf der ersten Seite: *22/II abgelehnt.*

Bei dem abgelehnten Buch handelt es sich um „Schillers philosophische Gedichte. Sechs Vorträge, gehalten in Berlin 1885/86", das 1887 bei Oehmigke in Berlin erschien. Die Verfasserin geht im Vorwort auf ihren „veralteten Standpunkt" gegenüber Klassikern ein und betont, ihre Auffassung Schillers sei „entschieden Frauenauffassung".

Exemplar der UB/FU mit hsl. Widmung der Verfasserin: 18 L 216.

30

Franz von Liszt (1851–1919), Brief an die Guttentag'sche Verlagsbuchhandlung. Seeheim, 23. Mai 1917, 4 S./2 Bll., 222 × 141 mm.

Antwort F. v. Liszts auf die Anregung des Verlages, eine neue Auflage seines „Lehrbuchs des deutschen Strafrechts" herauszubringen (Brief an v. Liszt vom 19. Mai 1917; Kopie im Verlagsarchiv).

Sehr geehrter Herr,

Eben erhalte ich Ihren Brief vom 19. Ich werde mich sehr freuen, noch eine Neuauflage zu erleben. ... Vor Anfang 1918 kann ... ich keinesfalls an die Vorarbeiten gehen, so daß etwa ¼ 18 die ersten Bogen druckfertig sein könnten. Bis dahin haben wir wohl Frieden;

vorher wäre es auch kaum zweckmäßig, anzufangen. Das ist wohl auch Ihre Ansicht. Auf die Strafrechtsreform brauchen wir keine Rücksicht zu nehmen, die wird in 10 Jahren noch nicht gekommen sein[1]. *Ich würde diesesmal mehr Gewicht auf die Höhe des Honorars als auf die Niedrigkeit des Ladenpreises legen*[2]. *So rasch wie in früheren Zeiten wird das Buch sich doch nicht verkaufen. ...*

Mit den besten Empfehlungen

Ihr ergebenster *Liszt*

Aufgrund einer Erkrankung v. Liszts erschien die Neuauflage erst 1919 als 21./22. Aufl. Vorher hatte der Verlag 1918 einen Nachdruck der 20. Aufl. von 1914 herausgebracht. Das Lehrbuch erlebte noch zahlreiche Neuauflagen (zuletzt 26. Aufl. 1932, bearb. v. E. Schmidt).

F. v. Liszt, seit 1912 MdR (Fortschrittliche Volkspartei), arbeitete als Begründer und Führer der deutschen soziologischen Strafrechtsschule an einer Reform des „Reichsstrafgesetzbuches" vom 15. 5. 1871, die die Konzeption der an die Tat anknüpfenden Vergeltungsstrafe durch eine auf die Persönlichkeit des Täters zugeschnittene Zweckstrafe ersetzen sollte. – Die in beiden Briefen angesprochene Strafrechtsreform ist – hierin hat v. Liszt mehr als Recht behalten – erst in unseren Tagen zu einem gewissen Abschluß gekommen. Das Strafgesetzbuch von 1871 wurde durch mehrere Teilreformen in der Zeit zwischen den Weltkriegen und eine umfassende Reform in den 60er und 70er Jahren weitgehend umgestaltet. So enthält es in seiner Fassung vom 2. Januar 1975 eine Reihe von Vorschriften, in denen Forderungen v. Listzs zum Tragen gekommen sind.

---

[1] Der Verlag hatte bei der Anregung zur Neuauflage geschrieben: *Dabei wird gewiss zu berücksichtigen sein, wie es mit der Strafrechtsreform steht, damit uns diese nicht mitten in die Laufzeit der 21. Auflage fällt und den Absatz stört.*

[2] Die Formulierung des Verlagsschreibens lautete hier: *Schwierigkeiten wird auch die Frage des Ladenpreises machen. Bei der letzten Auflage haben Sie in grosszügiger Weise auf die Hälfte des Honorars verzichtet, damit der Preis von 10 M eingehalten werden kann. Diesmal würde eine ähnliche Massnahme nicht einmal zu diesem Erfolg ausreichen; ...*

Im Verlagsarchiv befinden sich 54 Briefe und 21 Postkarten von Liszt und Kopien von 59 Schreiben an Liszt von 1915 bis 1919, in der Hauptsache zur Redaktion der „Zeitschrift für die gesamte Strafrechtswissenschaft", die Herausgabe der „Abhandlungen des Kriminalistischen Seminars" und die Neuauflage seines „Lehrbuchs des deutschen Strafrechts".

31

Max Planck (1858–1947), Brief an die „Vereinigung wissenschaftlicher Verleger". Berlin, 30. Oktober 1922. 4 S./2 Bll., 265 × 210 mm. Masch. mit eigenh. Unterschrift Plancks.

Planck schreibt in seiner Eigenschaft als „Ständiger Sekretar" der Preußischen Akademie der Wissenschaften[1] zum Problem der Preisgestaltung für die von der Vereinigung wissenschaftlicher Verleger in Kommission für die Akademie verlegten Werke.

Das Sekretariat der Akademie hat sich in seiner Sitzung am 19. d. Ms. eingehend beschäftigt mit Ihren Schreiben vom 4. August und 8. September d. Js.-Abteilung Reimer. Die Preisgestaltung für die akademischen Schriften gehört für die Akademie überhaupt zu ihren Lebensfragen. Sie ist daher gern bereit, hinsichtlich der Teuerungszuschläge sich der buchhändlerischen Erfahrung ihres Kommissionsverlages anzuvertrauen und erklärt sich damit einverstanden, daß von jetzt ab der Ladenpreis durch automatische Anwendung der jeweils gültigen Index-Ziffer[2] auf die Friedensgrundpreise festgelegt werde. Es ist dabei allerdings erforderlich, daß die Vereinigung wissenschaftlicher Verleger die Akademie dauernd auf dem Laufenden

---

[1] Die Preußische Akademie der Wissenschaften wurde, ehe sie Ende der 30er Jahre eine neue Verfassung erhielt, von vier „Ständigen Sekretaren" verwaltet, die aus der Zahl der ordentlichen Mitglieder auf vier Jahre gewählt wurden und von denen jeder ein Jahr lang den Vorsitz führte.

[2] Auf dem Höhepunkt der Inflation nach dem 1. Weltkrieg änderte sich der Kurs der Mark vielfach täglich. Mittags kam jeweils der neue Börsenkurs heraus, nach dem sich die Preise richteten; auf der Basis dieser „Indexziffer" wurden dann die Aufschläge auf den Friedenspreis berechnet.

hält über jede Änderung der Index-Ziffer. Die von der Akademie angesetzten Grundpreise sowohl für die „Sitzungsberichte" und „Abhandlungen" in Gesamtbänden, als auch für die Sonderausgaben der einzelnen Beiträge beruhen schon jetzt auf den Friedenssätzen, sodaß eine neue Umrechnung nicht erforderlich ist.

Weit schwieriger erscheint der Akademie die Lösung der Frage der nach dem Ausland verkauften Exemplare. Die von der Vereinigung wissenschaftlicher Verleger vorgeschlagene Berechnung zum doppelten deutschen Kommissions-Netto-Preise würde angesichts der schwankenden Valuta und ihrer seit Monaten stets steigenden Tendenz auf die Dauer nicht als Grundlage für die Berechnung des Anteils für die Akademie gelten können. Auch angenommen, daß dieser Vorschlag für die Zeit vom 4. August, wo er von der Vereinigung wissenschaftlicher Verleger gemacht wurde, als billig angesehen werden konnte, so ist er doch jetzt schon durch die Veränderung der Lage auf dem Weltmarkt so überholt, daß bei dem Verkauf ins Ausland sich der Anteil der Akademie auf ein Minimum gegenüber dem Anteil des Verlages stellen würde. Zwar verkennt die Akademie nicht, daß der Vertrieb der Schriften, insbesondere ihre Versendung nach dem Auslande durch die hohen Portospesen und die Ausfuhrgebühr für den Kommissionsverleger mit bedeutenden Unkosten verbunden ist. Gleichwohl kann sie sich aber nicht der Erkenntnis verschließen, daß die mit der Zahlung in ausländischer Valuta verbundenen Gewinne so ungeheuerlich sind, daß selbst bedeutende Spesen demgegenüber kaum ins Gewicht fallen. Auf der anderen Seite muß die Akademie zur Begründung ihres ablehnenden Standpunktes gegenüber dem Vorschlage der Vereinigung wissenschaftlicher Verleger mit allem Nachdruck darauf hinweisen, daß die Herstellungskosten der akademischen Schriften gerade in den letzten Monaten so ungeheuer angewachsen sind, daß ihre Bestreitung aus dem etatmäßig der Akademie zu Verfügung stehenden Mitteln nicht möglich ist. Die Akademie muß daher weit mehr als bisher darauf bedacht sein, einen großen, ja den größten Teil der Druckkosten aus dem Verkauf selbst zu decken. . . . (Es folgen Einzelheiten zu der von der Akademie geforderten Abrechnung des Absatzes der Akademie-Werke im Ausland.)

Im Verlagsarchiv befinden sich eine Briefkarte vom 11. 2. 1914 sowie 10 Briefe von Planck vom 10. 6. 1922 bis 9. 6. 1937 und die Kopie eines Schreibens an ihn. Planck schreibt in seiner Eigenschaft als „Ständiger Sekretar“ der Akademie der Wissenschaften; die Mehrzahl der Briefe befaßt sich mit der Ausgabe der Gesammelten Werke Kants durch die Akademie („Akademie-Ausgabe“), die bei Reimer (später de Gruyter) erschien. Zu Max Plancks „Vorlesungen über Thermodynamik“, die 1897 bei Veit & Co. erschienen ([11]1964, durchges. u. erw. v. Max v. Laue), findet sich im Verlagsarchiv keine Korrespondenz.

32

Preußische Jahrbücher: Rudolf Haym (1821–1901), Brief an Georg Ernst Reimer. Halle, 10. Juni 1863. 4 S./1 Doppelbl., 222 × 142 mm.

Dieser Brief[1] des Herausgebers und Redakteurs der „Preußischen Jahrbücher“ bildet eine erste Reaktion auf die am 1. Juni 1863 von der preußischen Regierung erlassene „Preßordonnanz“[2].

Lieber Herr Reimer!

... Die Preßordonnanzen v. 1. d. gehen natürlich auch uns sehr nahe an. Sie legen uns, Ihnen u. mir, die Pflicht auf, mit den Jahrbb. festzuhalten. Um so mehr, da die Zeitungen bald genug kleinlaut werden dürften. Wir haben höhere Pflichten, haben es aber allerdings

---

[1] Teilweise publiziert in: Ausgewählter Briefwechsel Rudolf Hayms, hg. v. Hans Rosenberg, Berlin/Leipzig 1930, Nr. 166, S. 213 f.

[2] Ihr zufolge konnten Zeitungen und Zeitschriften nach zweimaliger Verwarnung „wegen fortdauernder, die öffentliche Wohlfahrt gefährdender Haltung“ von den Verwaltungsbehörden verboten werden. – Eine gleichzeitig erlassene Ministerialinstruktion machte es den Zeitungen zur Pflicht, weder diese Maßnahmen als illegal oder verfassungswidrig hinzustellen noch die preußische Politik, auch in versteckter Form, zu kritisieren. – Am 27. Juni 1863 konstituierte sich übrigens als Folge dieser Preßordonnanz in Berlin ein „Verein zur Wahrung der verfassungsmäßigen Preßfreiheit in Preußen“, in dem u. a. auch Georg Ernst Reimer und Moritz Veit mitarbeiteten.

auch leichter, da wir durch den wissenschaftlichen Hintergrund, durch unsern ganzen Ton und Stil gedeckt sind. ... Ich habe vor, in einem besonderen Artikel[3] *auszusprechen, welches das Recht u. die Ehre der publizistischen Presse gegenüber der octroyierten Verordnung ist. Es gibt einen kurzen, aber hoffentlich gewichtigen Artikel des Juniheftes, der diesmal die Stelle der Politischen Correspondenz vertreten dürfte. Schlimm wäre nur, wenn man mir mit Rücksicht auf meine Beamtenstellung*[4] *das Handwerk zu legen versuchte: ich werde dann den richtigen Entschluß zu finden wissen. Übrigens gilt es, aus der Noth recht eigentlich eine Tugend zu machen. Richtig benutzt kann die Preßkatastrophe den Pr. Jahrbb. zum Heile ausschlagen. Unser Ansehen muß steigen, wenn man uns treu u. bei aller Gehaltenheit tapfer sieht. Ich benutze die Situation bereits zu einer ausgedehnten Agitation. Ich schreibe nämlich zahlreiche Briefe an die Notabeln der Wissenschaft u. stelle ihnen vor, daß sie, selbst wenn sie sich bisher schweigend verhalten, jetzt mit ihrem Namen für die Presse, die politisch-publizistische Presse, P a r t e i ergreifen u. sich für sie bekennen, f o l g l i c h i n d i e*[!] *P r. J a h r b ü c h e r s c h r e i b e n m ü s s e n. Ich hoffe den besten Erfolg u. bitte daher auch Sie, Muth zu haben. Lassen Sie uns auch ferner treu zusammenhalten. ...*

Treulichst *R. Haym*

Die als Organ des preußisch-deutschen Liberalismus auf Initiative des „Gothaischen Pressvereins“ (v. a. Max Duncker, 1811–66) und einer Gruppe von Breslauer Liberalen (Theodor Mommsen, Richard Röpell, Theodor Molinari) begründeten „Preußischen Jahrbücher“ erschienen seit 1858 im Verlag Georg Reimer. In umfangreichen, in den ersten fünf Jahren sämtlich anonym erscheinenden Essays widmeten sie sich Themen der Literatur, Geschichte und Politik. Die „Politischen Korrespondenzen“ nahmen zu Fragen der Tagespolitik Stellung. – Innenpolitisch in der Zeit der „Neuen Ära“ eine gemäßigt-

[3] Die Verordnung vom 1. Juni und die Presse, in: Preuß. Jahrb. 11, 1863, 627 ff.
[4] Haym war Extraordinarius an der Universität Halle.

liberale, die seit 1858 im preußischen Abgeordnetenhaus bestehende absolute Mehrheit der liberalen Fraktionen unterstützende Politik vertretend, nahmen sie nach der Berufung Bismarcks zum Ministerpräsidenten im Herbst 1862 eine sich vor allem auch durch dessen Kampf gegen die liberale Parlamentsmehrheit zunehmend verschärfende oppositionelle Haltung ein. Mehrere Hefte wurden in dieser Zeit konfisziert, und Haym hatte sich mehrfach vor den Justizbehörden zu verantworten. (Zahlreiche im Verlagsarchiv vorhandene Briefe reflektieren diese Auseinandersetzungen.) Auf die Schließung der Kammer im Mai folgte dann am 1. Juni die „Preßordonnanz", die den staatlichen Behörden ein nahezu uneingeschränktes Zensurrecht einräumte.

Hayms Reaktion in dem angekündigten Artikel (s. Anm. 3) entspricht den eher vorsichtigen und zurückhaltenden Andeutungen des Briefes: Die Jahrbücher sollten, wenn sie nicht gänzlich zum Schweigen gebracht werden wollten, eine eher defensive Stellung beziehen und soviele liberale Inhalte zu vermitteln versuchen, wie dies unter den Beschränkungen durch die Zensur möglich ist. – Dieser Artikel wurde zum Anlaß für das Zerwürfnis zwischen Haym und Heinrich von Treitschke, der, von Anbeginn an Mitarbeiter der „Preußischen Jahrbücher" und – politisch schon immer radikaler als Haym – der Fortschrittspartei näher stehend als den Altliberalen, die Haltung Hayms in einem polemischen Artikel in den „Grenzboten" (Das Schweigen der Presse in Preußen, in: Grenzboten 1863, Bd. III, 111ff) scharf angriff. Erst nach dem Ausscheiden Hayms aus der Redaktion der „Preußischen Jahrbücher" 1865 kehrte Treitschke zu ihnen zurück und übernahm 1866 die Redaktion bis 1889.

Zum Komplex der „Preußischen Jahrbücher" befindet sich im Archiv sehr umfangreiches Material. Neben einer großen Zahl von geschäftlichen Papieren (Subskriptionslisten, Verteilungslisten, Honorarberechnungen u. ä.) ist vor allem der sehr ausführliche Briefwechsel mit dem ersten Herausgeber der Jahrbücher, R u d o l f H a y m, zu nennen: 211 Briefe von Haym, 1857–92 (3 davon sind abgedruckt in: Ausgew. Briefwechsel Rudolf Hayms (s. Anm. 1), Nr. 156; 166; 194), dann aber auch die Korrespondenz mit den folgenden Herausgebern: Wilhelm Wehrenpfennig, Heinrich v. Treitschke und Hans Delbrück. Für die zahlreichen weiteren Bezugnahmen auf die „Preußischen Jahrbücher" ist auf das von O. Neuendorff zu seinem Katalog erarbeitete Register zu verweisen.

33

Karl Jaspers (1883–1969), Brief an Konrad Grethlein im Verlag Walter de Gruyter. Heidelberg, 24. Februar 1929. 3 S./3 Bll., DIN-A-4. Masch. mit eigenh. Unterschrift Jaspers'. Unterstreichungen vermutlich durch den Empfänger.

Antwort K. Jaspers' auf die Einladung des Verlages, für den 1000. Band der „Sammlung Göschen" eine Darstellung der „geistigen Bewegung der abendländischen Kultur der Gegenwart" zu verfassen:

Sehr geehrter Herr Grethlein!

Auf ihr freundliches Angebot vom 18/2 bin ich noch etwas zögernd. Ich weiss nicht, ob ich in der Lage bin, die Sache zu übernehmen.

Zunächst macht mir Ihre Begrenzung des Themas, die in sich consequent und sinnvoll ist, Schwierigkeiten. Gestatten Sie, dass ich ohne viel Begründung nur kurz sage, wie ich mir die Aufgabe denke. Im Unterschied vom 19. Jahrhundert, das noch jeweils die eigene Zeit, wie die Vergangenheit meistens bildhaft, distancierend sah, ist heute das „Bewusstsein der Gefahr" so gross, die entscheidende geistige Produktion in der Extensität, welche garnicht mehr übersehbar ist, so fragwürdig, dass eine Darstellung der „geistigen Bewegung" wenigstens für mich zu verwegen wäre. Ich würde vorschlagen etwa: „Die geistige Situation der Gegenwart". Darin käme vielleicht sofort der andere Ansatz zum Ausdruck. – Dann würde bei meiner faktischen Kenntnis und meinem wirklichen Dasein unwillkürlich das Deutsche in den Vordergrund treten, sofern beispielhafte Veranschaulichung vorkommt. Erscheinungen, die einem Amerikaner vielleicht specifisch deutsch erscheinen, erscheinen mir „abendlän-

disch". Zweifellos universell ist nur das Gehaltlose oder das Wasser, in dem wir alle leben. Ich müsste daher bitten, mir vollständige Freiheit zu lassen in der Wahl der Probleme und der Veranschaulichung. – Schliesslich würde es sich für mich nicht um eine „objektive Darstellung" handeln, die man als Unbeteiligter lesen kann, sondern der Leser müsste selbst sich zur Mitentscheidung aufgerufen fühlen. Das „Wozu" der Entscheidung bliebe unerfüllt und nur als „Freiheit", „Idee", „Einzelner" „Transcendenz" im Unbestimmten.

Eine Sorge ist mir noch, dass ich an einem grösseren Werk tätig bin, und darin nicht gern gestört werde. Bis wann möchten Sie das druckfertige Manuskript haben?

Falls Sie mit der vollkommenen Freiheit für mich und mit dem anders formulierten Titel einverstanden wären, würde ich Sie um einen Vertragsentwurf bitten. Ich darf annehmen, dass ich dann meine endgültige Entscheidung in zwei bis drei Wochen treffen darf. Bis dahin wird sich hoffentlich bei mir die Anlage des Ganzen soweit kristallisiert haben, dass ich die noch zu leistende Arbeit übersehe.

Mit ausgezeichneter Hochachtung ergebenst Karl Jaspers

Da, wie ich sehe, die Göschenbändchen verschieden gedruckt sind, bitte ich Sie um Übersendung eines Bogens in dem Satz, der für mein Bändchen in Aussicht genommen wäre.

Das Bändchen erschien 1931 unter dem Titel „Die geistige Situation der Zeit" (^{5}1932 = 7. Abdruck 1971 [Sammlung Göschen 3000]). –

Dem Brief des Verlages an Jaspers (18.2.1929; Kopie im Verlagsarchiv) zufolge war die Darstellung konzipiert als *Einleitung und geistiger Überbau* zu einer Serie von Göschen-Bändchen[1], in denen *die geistige Bewegung der abendländischen Kulturwelt der Gegen-*

[1] Kein einziger Band dieser Serie ist erschienen, obwohl der Verlag in seinem Brief vom 18.2.1929 Autoren anderer Bände benennt (Karl Vossler, München, für Italien und Spanien; für Frankreich sollte Ernst Robert Curtius, Bonn, gewonnen werden). Jaspers selbst hatte sich bereit erklärt, auch das Bändchen „Das geistige Deutschland" zu verfassen (Briefe vom 1. 11. 1932 an Jaspers; 2. 11. 1932 von Jaspers); auch dieser Plan ist nicht realisiert worden.

wart, jeweils nach den wesentlichen Kulturnationen differenziert, zur Darstellung kommen soll. Der von Jaspers zu verfassende Band sollte diese Bewegung in Abgrenzung zur geistigen Bewegung des 19. Jh. herausheben, *wie sie sich über und jenseits aller nationalen Differenzierungen darstellt, und damit auch der geistigen Bewegung innerhalb der einzelnen Kulturnationen mehr oder weniger gleichmässig zugrunde liegt,* worin *eben die hohe geistige Einheit und Selbigkeit der gesamten abendländischen Geisteskultur der Gegenwart in ihrer noch indifferenzierten Reinheit* zum Ausdruck kommt.

Erstausgabe Exemplar der UB/FU: 1 ZA 1–1000.

Im Verlagsarchiv befinden sich insgesamt 76 Briefe, eine Post-, eine Visitenkarte, ein von Jaspers korrigierter Vertragsentwurf und ein Telegramm von Jaspers sowie Kopien von 97 Briefen des Verlages an Jaspers von 1929 bis 1968, die hauptsächlich Verlagsprobleme behandeln.

34

Theodor Heuß (1884–1963), Brief an Walter de Gruyter. Heilbronn, 9. Oktober 1915. 6 S./2 Doppelbll., 226 × 146 mm.

Heuß erinnert an die *gemeinsame Arbeit in dem Vorstand des Wahlvereins der Liberalen für Teltow-Charlottenburg.* Er bittet um Hilfe für seinen Freund Wilhelm Hausenstein, der krank ist und sich in einer äußerst schwierigen wirtschaftlichen Lage befindet. Zunächst gibt er eine ausführliche und warmherzige Schilderung seines Freundes: *Hausenstein ist Historiker. Er hat in München vor etwa 10 Jahren summa cum laude bei Heigel promoviert, ging dann nach einem längeren Aufenthalt in Paris, den ich teilweise mit ihm verbrachte, politisch zur Sozialdemokratie, ohne dort stärker hervorzutreten, da er eine durchaus unagitatorische Natur ist, und entwickelte sich von sich aus stärker nach der Seite der Kunstgeschichte und Kunstpolitik ... Daneben pflegte er weiter vor allem die politische Geschichte ...,* Heuß schlägt dann *aus freundschaftlichen Gründen ... ohne seinen Auftrag* vor, daß der Verlag Hausenstein

ein Jahrhundert-Buch über die Zeit nach 1815 schreiben liesse, über all das, was mit Burschenschaft, Romantik, heilige Allianz, Freiheits- und Verfassungsbewegung zusammenhängt, um ihm auf diese Weise wirtschaftlich wieder etwas *Boden unter die Füße zu schaffen.*

De Gruyter antwortet (15. Oktober 1915) sehr entgegenkommend, geht aber nicht auf das Angebot ein, sondern schlägt vor, Hausenstein die Bearbeitung eines Göschenbändchens mit einem noch auszuwählenden Thema zu übertragen. Daran schließt sich auf Vermittlung von Heuß ein direkter Briefwechsel Hausenstein–de Gruyter an (6 Briefe von Oktober–Dezember 1915), in dem verschiedene Publikationsvorhaben bzw. -vorschläge behandelt werden: Burschenschaft oder die Jahre 1815–1819; Soziologie der Kunst, eventuell zu erweitern um ein Kapitel ‚Krieg und Kunst' mit Bezug zur Zeitsituation; Buchpublikation von Hausensteins Gesammelten Aufsätzen – keiner dieser Pläne wurde verwirklicht.

35

Martin Heidegger (1889–1975), Brief an Heinz Wenzel im Verlag Walter de Gruyter. Freiburg i. Br.–Zähringen, 19. Juli 1973. 1 S./ 1 Bl., DIN-A-4. Masch. mit eigenh. Unterschrift Heideggers.

Lieber Herr Wenzel,

für Ihren Brief vom 10. Juli 73 danke ich, ebenso für die inzwischen eingegangene Büchersendung Ihres Verlags. Seine Rezension des Nietzsche-Buches von seinem Schüler Müller-Lauter hat mir Weischedel[1] *bereits vor einiger Zeit geschickt.*

---

[1] Wilhelm Weischedel (1905–1975), zuletzt Ordinarius für Philosophie an der Freien Universität Berlin. – Es geht hier allerdings nicht um eine Rezension des Buches von Müller-Lauter durch Weischedel, sondern um einen Diskussionsbeitrag, der zudem auch nur einen bestimmten Punkt der Auseinandersetzung herausgreift (Der Wille und die Willen. Zur Auseinandersetzung Wolfgang Müller-Lauters mit Martin Heidegger, in: Zs. für Philosoph. Forschung 27, 1973, 71–76).

Ihren „Einfall", mich über die Kritik meines „Nietzsche" zu äußern, kann ich leider nicht verwirklichen. Dazu müßte ich die bisher erschienene Literatur durcharbeiten. Dafür habe ich in meinem hohen Alter weder Zeit noch Kraft übrig.

Zur Sache jedoch dies: Die Kritik mag vieles in meinen Auslegungen als unrichtig und „gewaltsam" feststellen; solange keine grundsätzliche und zugleich p o s i t i v e *Auseinandersetzung mit meinen Schriften zur Bestimmung der Metaphysik vorliegt, von wo aus meine Darstellung Nietzsches geleitet wird, bewegt sich die ‚Kritik' auf einer unzureichenden Ebene. Für den Historiker sind vermutlich die Aussagen des Aristoteles über Platon und die vorplatonischen Denker durchgängig falsch und gewaltsam.*

Ich wünsche Ihnen für Ihre Verlagsarbeit und das eigene Philosophieren allen Erfolg und grüße herzlich

Ihr Martin Heidegger

Es handelt sich um die bei de Gruyter erschienene Arbeit von Wolfgang Müller-Lauter, Berlin, über „Nietzsche. Seine Philosophie der Gegensätze und die Gegensätze seiner Philosophie" (1971), in der dieser sich kritisch mit der Nietzsche-Interpretation Heideggers auseinandersetzt. Der Verlag hatte Heidegger ein Exemplar des Buches von Müller-Lauter zugesandt und damit die Anfrage verbunden, ob Heidegger sich nicht in den ebenfalls im Verlag de Gruyter erscheinenden „Nietzsche-Studien" zur Kritik Müller-Lauters äußern wolle.

Im Verlagsarchiv befinden sich 4 Briefe von Martin Heidegger aus den Jahren 1972–74.

36

Friedrich Daniel Ernst Schleiermacher (1768–1834)

Aus dem Besitz des Verlages Georg Reimer, in dem Schleiermacher die meisten seiner Schriften zum Druck brachte und in dem postum die – nicht zu Ende geführten – „Sämmtlichen Werke" sowie eine vierbändige Auswahl „Aus Schleiermacher's Leben. In Briefen" erschienen[1], befinden sich im Verlagsarchiv de Gruyter zahlreiche Manuskripte Schleiermachers, ferner Vorlesungs- und Predigtnachschriften sowie biographische Dokumente. Diese Materialien waren der Forschung bisher größtenteils unbekannt bzw. nur durch Abdrucke zugänglich, die nicht den Ansprüchen einer kritischen Edition genügen.

Art und Umfang dieser Archivalien heben sie nicht nur als einen einzigartigen Komplex aus den Beständen des Verlagsarchivs hervor, sondern machen sie zu der bedeutendsten Quelle der historisch-kritischen Schleiermacherforschung neben dem im Archiv der Akademie der Wissenschaften der DDR aufbewahrten Nachlaß. Der Erschließung dieser Materialien kommt besonders im Hinblick auf die im Erscheinen begriffene Schleiermacher-Gesamtausgabe große Bedeutung zu[2]. Die neu aufgefundenen Manuskripte und Dokumente werden hier erstmals beschrieben und in Auszügen publiziert. Ein

[1] Friedrich Schleiermacher's sämmtliche Werke. Berlin 1834–1864. – Aus Schleiermacher's Leben. In Briefen. Band 1–4. Berlin 1858–1863.

[2] Friedrich Daniel Ernst Schleiermacher: Kritische Gesamtausgabe. Hg. H.-J. Birkner und G. Ebeling, H. Fischer, H. Kimmerle, K.-V. Selge. Berlin: de Gruyter 1980ff. Die Ausgabe wird die Abteilungen Schriften, Vorlesungen, Predigten, Übersetzungen sowie Briefe und biographische Dokumente umfassen. Ende 1980 erscheint in zwei Teilbänden „Der christliche Glaube nach den Grundsätzen der evangelischen Kirche im Zusammenhang dargestellt. 1820/21", hg. von Hermann Peiter.

ausführlicher Fundbericht muß einer späteren Veröffentlichung vorbehalten bleiben[3].

Die Materialien waren, bis auf die im Briefarchiv befindlichen Stücke[4], nicht geordnet und wurden, zumeist in verschnürten Packen, in einem Schrank aufbewahrt. Darüber hinaus fand sich ein Teil der Autographen Schleiermachers bei anderen unsortierten Archivalien. Im Zuge der Arbeit an der von der Schleiermacherforschungsstelle Berlin vorbereiteten kritischen Ausgabe des Briefwechsels und der biographischen Dokumente Schleiermachers wurden die Bestände des Verlagsarchivs im Juni 1980 durchgesehen und in eine vorläufige Ordnung gebracht, die auch in der folgenden Beschreibung beibehalten ist[5].

Darüber, weshalb diese Materialien sich nicht im Nachlaß befinden, sondern im Besitz des Verlages blieben, lassen sich nur Vermutungen anstellen. Die Predigtnachschriften wurden, wie aus den Notizen eines der Herausgeber, des Predigers Sydow, hervorgeht, zum Teil vom Verleger für die Edition der „Sämmtlichen Werke“ erworben[6] und blieben nach Abschluß der Edition zusammen mit den Predigtautographen und den von Schleiermacher selbst geordneten Nachschriften aus dem Nachlaß im Verlag. Die Psychologie-Vorlesung wurde erst 1862 publiziert, nachdem die Edition der „Sämmtlichen Werke“ 1850 ins Stocken geraten war[7]; die wohl für

---

[3] Eine „Vorläufige Übersicht der Schleiermacheriana im Verlagsarchiv de Gruyter Berlin“ von A. Arndt und W. Virmond liegt als vervielfältigtes Typoskript der Schleiermacherforschungsstelle Berlin (bei der Kirchlichen Hochschule) vor.

[4] Die Briefbestände wurden bereits durch den Verwalter des Archivs, Herrn Professor Dr. Otto Neuendorff katalogisiert. Prof. Neuendorff wies uns auch auf die Existenz weiterer Schleiermacheriana im Archiv hin.

[5] Im folgenden werden die Materialien in der Ordnung der „Vorläufigen Übersicht“ beschrieben; dabei bezeichnet der Buchstabe die Kategorie der Gliederung (A = Werkmanuskripte, B = Vorlesungsentwürfe und -notizen, C = Vorlesungsnachschriften, D = Predigten und Predigtentwürfe, E = Predigtnachschriften, F = Materialien zur Edition der Predigten, G = Konfirmandenunterricht, H = Briefe, I = Gutachten, K = Dokumente), die Ziffer die Zählung innerhalb der jeweiligen Kategorie.

[6] Entsprechende Hinweise finden sich in F. 1. und F. 2.

[7] Nach 1850 erschienen nur noch der 10. Band der Predigten (1856), die Psychologie (1862) und das Leben Jesu (1864).

die nicht erschienenen Bände 9 und 10 der Abteilung Theologie vorgesehene Vorlesung „Kirchliche Geographie und Statistik“, für die der Verlag anscheinend keinen Herausgeber fand, blieb ungedruckt; beide Manuskript-Komplexe blieben liegen, da Schleiermachers Erben keine Ansprüche geltend machten. Die Manuskripte zur zweiten Auflage der Glaubenslehre und zum „Gespräch zweier selbst überlegender evangelischer Christen“[8] dienten unmittelbar als Druckvorlagen und haben sich eher zufällig erhalten.

Die im Verlagsarchiv befindlichen Manuskripte und Dokumente zeigen die Vielseitigkeit der Interessen und Tätigkeiten Schleiermachers[9]. Er wurde am 21. 11. 1768 als Sohn eines Militärpfarrers in Breslau geboren. Nach einer herrnhutischen Erziehung studierte er 1787–89 in Halle Theologie und Philosophie und arbeitete nach der ersten theologischen Prüfung (1790) zunächst als Hauslehrer des Grafen Dohna in Schlobitten (bis 1793) und als Lehrer in Berlin. Nach dem zweiten Examen wurde er 1794 Hilfsprediger in Landsberg.

In der Zeit zwischen der ersten und zweiten theologischen Prüfung entstand die früheste Sammlung der Predigten (D. 1.). Die zweite von Schleiermachers Hand erhaltene Sammlung (D. 2.) umfaßt die Predigten der Landsberger Zeit und die Antrittspredigt in der Berliner Charité, wo er seit September 1795 als Prediger wirkte. Hier kam Schleiermacher in den Salon der Henriette Herz und dadurch in den Kreis der Berliner Romantiker. Ende 1797 bezog er mit Friedrich Schlegel eine gemeinsame Wohnung. Die Verbindung mit der roman-

---

[8] Das „Gespräch“ erschien 1827 bei Schwickert in Leipzig. An seinen Freund Gaß schrieb Schleiermacher im selben Jahr: „Ferner hat der Herr Minister beschlossen Nachforschung anzustellen wer der Verfasser des Gesprächs sei [. . .] und dann auf dessen Absezung anzutragen“ (Aus Schleiermachers Leben 4, S. 384). In einem andern Brief an Gaß vom 21. 7. 1827 stellt er seine Autorschaft in Abrede: „Du hast freilich mehr Ursach als andre zu glauben daß ich das Gespräch geschrieben habe, aber doch noch lange nicht genug. [. . .] Uebrigens sind ein Paar Stellen darin, welche ich wie sie dastehen gar nicht verstehen kann“ (ebd. 386).

[9] Zu den Lebensdaten vgl. etwa F. W. Kantzenbach: F. D. E. Schleiermacher in Selbstzeugnissen und Bilddokumenten. Reinbek 1967. – Dort finden sich auch weitere Literaturhinweise.

tischen Schule fand ihren literarischen Niederschlag in Beiträgen zum „Athenäum" der Brüder Schlegel und in Werken wie „Reden über die Religion" (1799), „Vertraute Briefe über Friedrich Schlegels Lucinde" (1799) und „Monologen" (1800), die sämtlich anonym erschienen. In diese Berliner Zeit fällt auch der Beginn der Freundschaft mit Georg Reimer (1801/02), in dessen Verlag Schleiermacher seitdem fast alle seine Schriften veröffentlichte.

Das Mißtrauen der Kirchenbehörde gegenüber seinem Umgang, seinen literarischen Äußerungen[10] und seinen Beziehungen zu der Frau eines Predigers zwangen Schleiermacher, 1802 in Stolp eine Hofpredigerstelle anzunehmen und so „ins Exil" zu gehen. Hier arbeitete er an den „Grundlinien einer Kritik der bisherigen Sittenlehre" (1803) und an der Übersetzung des Platon, deren erster Band 1804 erschien. Zum Wintersemester 1804/05 nahm er einen Ruf der Universität Halle als außerordentlicher Professor und Universitätsprediger an. Nach der Besetzung Halles durch die napoleonischen Truppen und der Schließung der Hochschule (1806) siedelte er 1807 nach Berlin über.

Zusammen mit Stein, Gneisenau, Reimer und anderen beteiligte Schleiermacher sich 1808/09 an konspirativen Unternehmungen mit dem Ziel, Preußen in einen Volkskrieg gegen Frankreich zu ziehen und damit auch die Liberalisierung des Staates zu beschleunigen[11]. Schon seit 1806 hatte er seine Predigten in den Dienst der patriotischen Sache gestellt[12]. Zu seiner auf die geistige und politische Erneuerung gerichteten Wirksamkeit gehörten auch seine Mitarbeit

---

[10] Vgl. den Brief Sacks an Schleiermacher vom Juni (?) 1801 und die Antwort in: Aus Schleiermachers Leben. In Briefen. Bd. 3. Berlin 1861, S. 275–286.

[11] Dazu Wilhelm Dilthey: Schleiermacher's politische Gesinnung und Wirksamkeit. In: Preußische Jahrbücher 10. 1862, S. 234–277. – Ferner R. C. Raack: Schleiermacher's Political Thought and Activity 1806–1813. In: Church History 28. 1959, S. 374–390. – Zum geschichtlichen Hintergrund vgl. Franz Mehring: 1807 bis 1812. Von Tilsit nach Tauroggen. In: F. M.: Gesammelte Schriften 6. 1972, S. 164–243, bes. S. 193ff. – Bruno Gebhardt (Hg.): Handbuch der deutschen Geschichte. 8. Aufl. Band 3. Stuttgart 1960, §§ 13–17.

[12] Vgl. J. Bauer: Schleiermacher als patriotischer Prediger. Ein Beitrag zur Geschichte der nationalen Erhebung vor hundert Jahren. Gießen 1908.

an der Gründung der Berliner Universität (1810) sowie seine Tätigkeit in der Akademie der Wissenschaften (seit 1811) und im Unterrichts-Departement (seit 1810).

Im Mai 1809 wurde Schleiermacher Prediger an der Dreifaltigkeitskirche in Berlin. Die damit verbundenen Verpflichtungen, die er neben seiner wissenschaftlichen Tätigkeit wahrnahm, erstreckten sich auch auf Bereiche wie die Armenfürsorge (s. den Brief H. 4.) und den Konfirmandenunterricht (s. G.)[13].

1810 wurde Schleiermacher Professor der Theologie an der Universität und erster Dekan der theologischen Fakultät. In seiner Lehrtätigkeit beschränkte er sich nicht auf die theologischen Disziplinen, sondern nahm das Recht als Akademiemitglied wahr, auch in anderen Fakultäten Vorlesungen zu halten. So behandelte er neben philosophischen Fächern (Dialektik, Ethik, Ästhetik, Hermeneutik, Politik und Geschichte der Philosophie) auch Grenzgebiete wie Psychologie und Pädagogik[14]. In dem von ihm entworfenen System der Wissenschaften hat Schleiermacher lediglich die Physik nicht behandelt[15]; hier setzt er die romantische Naturtheorie des mit ihm befreundeten Philosophen und Mineralogen Henrich Steffens voraus[16]. In diesem Zusammenhang sind auch die unten erstmals veröffentlichten Auszüge aus der Psychologie-Vorlesung (B. 1.) von Interesse; sie belegen, daß Schleiermacher sich noch 1818 intensiv mit Steffens beschäftigte und sich ausdrücklich auf dessen Theorien bezog.

---

[13] Dazu auch J. Bauer: Schleiermachers Konfirmandenunterricht. Langensalza 1909. (= Pädagogisches Magazin 388).

[14] Zur Beziehung von Theologie und Philosophie bei Schleiermacher vgl. H.-J. Birkner: Theologie und Philosophie. Einführung in Probleme der Schleiermacher-Interpretation. München 1974.

[15] Einen schematischen Grundriß des Wissensreiches nach Schleiermacher entwickelt H.-J. Birkner: Schleiermachers christliche Sittenlehre im Zusammenhang seines philosophisch-theologischen Systems. Berlin 1964, S. 30–36. Die Dialektik als die Kunstlehre der Hervorbringung des Wissens im Streit übergreift die beiden großen Gebiete Physik und Ethik; letztere gliedert sich in weitere kritische und technische Disziplinen. Zur Zuordnung der Theologie vgl. ebd. S. 50–56.

[16] Vgl. den Hinweis in Twestens Vorrede zu Schleiermachers „Grundriß der philosophischen Ethik". Berlin 1841, S. XCVII. Demnach bezog sich Schleiermacher auf Henrich Steffens: Grundzüge der philosophischen Naturwissenschaft. Berlin 1806.

Die Vorlesungszettel (B.2.) nehmen auf die Ausarbeitung von 1818 Bezug[17]. Sie machen zugleich die Eigenart von Schleiermachers Vortrag auf Katheder und Kanzel (s. die Predigtzettel D.12.) deutlich: er sprach gewöhnlich ohne Konzept und benutzte höchstens kleine Zettel mit Stichworten, um in möglichst freier Rede den Denkprozeß im Sprechen unmittelbar zu vergegenwärtigen; meist entstanden solche Zettel aber erst nach dem Vortrag als stichwortartiges Festhalten des Gesprochenen für die spätere Ausarbeitung[18].

Die theologische Wirksamkeit Schleiermachers wird vor allem durch das Manuskript zur zweiten Auflage (einer völligen Umarbeitung) seines Hauptwerks „Der christliche Glaube" (A.2. und A.3.) repräsentiert[19]. In engem systematischem Zusammenhang mit der Entfaltung der Dogmatik in dieser ‚Glaubenslehre' steht die Vorlesung über „Kirchliche Geographie und Statistik" (B.4.); die unten abgedruckten einleitenden Bemerkungen zu dieser Vorlesung weisen auf ihre „der Dogmatik parallele Stellung" hin. Im § 1 der ersten Auflage der Glaubenslehre wird Dogmatik definiert als „Wissenschaft von dem Zusammenhange der in einer christlichen Kirchengesellschaft zu einer bestimmten Zeit geltenden Lehre"[20]. Die empirische Untersuchung der Glaubensgemeinschaften, ihrer Entwicklung, Verbreitung und ihrer Beziehungen trägt zur Gestaltung der Dogmatik bei.

---

[17] Die Themenbereiche entsprechen den Themen in den Vorlesungsstunden von 1818. Dies trifft für die Vorlesungen von 1830 und 1833/34 nicht zu. – Die Zettel können entweder im Zusammenhang mit der Vorlesung 1818 entstanden sein oder Notizen zur Vorlesung 1822 darstellen, für die im übrigen keine Aufzeichnungen bekannt sind. Wahrscheinlich hat Schleiermacher 1822 das Heft von 1818 zugrunde gelegt.

[18] Vgl. F. A. W. Diesterweg: Über die Lehrmethode Schleiermachers. Ein Vortrag in der Pädagogischen Gesellschaft zu Berlin den 14ten Juni 1834 gehalten. Berlin 1834.

[19] Die erste Ausgabe von 1821/22 wird durch H. Peiters Edition erstmals wieder zugänglich gemacht (vgl. Anm. 2); in den „Sämmtlichen Werken" ist die stark veränderte 2. Auflage wiedergegeben. – Martin Redekers Ausgabe „auf Grund der 2. Auflage und kritischer Prüfung des Textes" (Berlin 1960) geht nur auf den Druck der 2. Auflage zurück; das Manuskript (A.2. und A.3.) war Redeker nicht bekannt.

[20] Dem entspricht in der 2. Auflage § 19.

Die anonym publizierte Schrift „Gespräch zweier selbst überlegender evangelischer Christen über die Schrift: Luther in Bezug auf die neue preussische Agende" von 1827 (A. 1.) dokumentiert Schleiermachers Konflikt mit der preußischen Obrigkeit. Nach der Teilnahme an der preußischen Erhebung 1813 wurde er bereits 1814 demokratischer Gesinnungen verdächtigt und aus dem Unterrichts-Departement entlassen. Während der 1819 einsetzenden Demagogenverfolgung geriet Schleiermacher ebenso wie seine Freunde E. M. Arndt und G. A. Reimer in den Kreis der Verdächtigten. Den Umfang der polizeilichen Nachforschungen und Bespitzelungen belegen, über das bekannte Material hinaus[21], die Auszüge aus den Polizeiakten (K. 1.). Mit dem Beginn der Demagogenverfolgung fällt – nicht zufällig – der Versuch des Staates zusammen, die Trennung von Staat und Kirche, soweit sie faktisch vollzogen war, rückgängig zu machen und der Kirche eine Liturgie nach dem Bedarf der Herrscher zu verordnen. In dem daraus entstehenden Agendenstreit[22] widersetzte sich Schleiermacher entschieden diesen Ansprüchen und verteidigte seine bereits in den „Reden über die Religion" 1799 vertretene These der Notwendigkeit einer Trennung von Staat und Kirche. Daß die in diesen Streit eingreifende Schrift von 1827 anonym und außerhalb Preußens im sächsischen Leipzig erscheinen mußte, macht das Ausmaß der Pressionen deutlich, denen Schleiermacher auch nach der Einstellung polizeilicher Verfolgungen (1824) ausgesetzt blieb.

Dabei darf jedoch nicht übersehen werden, daß Schleiermacher im Gegensatz etwa zu Ernst Moritz Arndt und Wilhelm M. L. de Wette nicht aus dem Amt entfernt wurde; mit der Verleihung des Roten Adlerordens III. Klasse wurde er 1831 auch öffentlich rehabilitiert. Er starb am 12. Februar 1834 in Berlin.

[21] Aus Schleiermacher's Leben. In Briefen. Bd. 4. Berlin 1863, S. 413–443.
[22] Vgl. ebd. S. 444–487.

2

Die Uebereinstimmung der Farbe und Form hat vielleicht einen göttlichen [illegible] Bedeutung; die Gestaltungen sind geworden [illegible] die Vernunft [illegible] Sie hat einen [illegible] [illegible] des [illegible] [illegible] unabhängig machen von der äußern [illegible].

Die Temperamente sind sehr gut nach [illegible] zu [illegible] und mit [illegible] Ansicht zu verbinden.

Kein [illegible] [illegible] [illegible] ~~Gestalt~~ [illegible] [illegible] d. Gefühle.

Wenn man die [illegible] [illegible] Genie [illegible], so muß man die [illegible] und dem [illegible]. [illegible] freilich ist [illegible] [illegible] die [illegible] [illegible] sind.

Wenn [illegible] als die Musik [illegible] Genie u. [illegible] [illegible], so muß Colorit [illegible] [illegible] [illegible] werden.

Die innerste Eigenthümlichkeit ist un[illegible]. Sie ist auch unabbildbar in einzelnen Momenten, weil sie [illegible] in dem Innersten der Natur [illegible] [illegible].

Im [illegible] kann man mit Recht sagen

Eigentlich Farben und Formen [illegible] (Harmonie?) ist auch schon [illegible] unterscheidet [illegible] das Farbe ist [illegible] unter den [illegible] Gebrauch der Wörter.

Gefühl ist [illegible] Total Affection und [illegible] partiale

[illegible] [illegible] Analyse [illegible] [illegible] [illegible] [illegible] [illegible] [illegible] [illegible] [illegible] [illegible] [illegible] [illegible] [illegible] [illegible] [illegible] [illegible] [illegible]

2. Momente [illegible]

A. Werkmanuskripte

1. „Gespräch zweier selbst überlegender evangelischer Christen über die Schrift: Luther in Bezug auf die neue preussische Agende. Ein leztes Wort oder ein erstes." 16 Bll., 225 × 180 mm.

Vollständiges Manuskript des in Leipzig 1827 anonym erschienenen Werkes mit Zensurvermerk.

Der Text wurde in Band 5 der I. Abteilung der „Sämmtlichen Werke" aufgenommen (Berlin 1846, S. 537–625).

2. „Der christliche Glaube nach den Grundsäzen der evangelischen Kirche im Zusammenhange dargestellt". 42 Bll., 220 × 175 mm.

Manuskript des 1. Bandes der 2. Auflage der „Glaubenslehre". Von ursprünglich 60 Bll. fehlen 18; von fol. 56 ist nur die untere Hälfte vorhanden. – Die meisten Blätter waren zerschnitten und sind wieder zusammengeklebt worden.

Der Band erschien 1830 bei Reimer in Berlin.

3. „Der christliche Glaube nach den Grundsäzen der evangelischen Kirche im Zusammenhange dargestellt". 54 Bll., 220 × 175 mm.

Manuskript des 2. Bandes der 2. Auflage der „Glaubenslehre". Von ursprünglich 71 Bll. fehlen 17. – Die meisten Blätter waren ebenfalls zerschnitten.

Der Band erschien 1831 bei Reimer in Berlin.

B. Vorlesungsentwürfe und -notizen

1. Psychologievorlesung 1818. 56 Bll., fol. 56 leer. 200 × 165 mm.

Auf dem Titelblatt: *Zur Psychologie*; darunter am Rande: *angefangen d. 16t. April 1818.*

Schleiermacher las Psychologie in den Sommersemestern 1818, 1822, 1830 und im Wintersemester 1833/34.

Das Manuskript ist zum Teil gedruckt in „Sämmtliche Werke", Abt. III, Bd. 6, Berlin 1862, S. 406–488 als Beilage A.

Der Herausgeber George hat bei seiner Edition fol. 2–5 des Manuskripts, die noch nicht auf Vorlesungsstunden Bezug nehmen, fortgelassen, und auch

---

Abb. 8. Fr. Schleiermacher, Psychologievorlesung von 1818 (Nr. 36B 1)

im weiteren besonders die Passagen nicht abgedruckt, die Schleiermacher dünn durchgestrichen hatte, wie er es als Erledigungsvermerk zu tun pflegte. Auf diese Kürzungen hat George nicht hingewiesen.

Aufgeschlagen (Abb. 8) ist fol. 2ʳ mit dem Beginn des Textes, der hier, bis auf die mit 1. und 2. bezeichneten Abschnitte am Rand, zum ersten Mal veröffentlicht wird. Diese hat George als Anfang der Vorlesung 1833/34 in der Beilage C seiner Edition abgedruckt, wobei er sich offenbar auf die Nachschrift C.5. stützt.

Die Uebereinstimmung des Idealen und Realen hat vielleicht eine geschichtliche Bedeutung; die Gattungen sind geworden indem die Vernunft ward Sie hat eine psychologische [Bedeutung]*; Wir dürfen das erscheinende Bewußtsein nicht allein abhängig machen von der äußeren Veranlassung.*

Die Temperamente sind sehr gut aus Steffens zu nehmen und mit meiner Ansicht zu verbinden.

Kein Sinneneindruk bleibt sondern er wird ⟨Gestalt⟩ *Verstandesthat od*[er] *Gefühl.*

Wenn man das sanguinische als Genuß erklärt, so muß man die Veränderlichkeit aus dem Genuß tilgen. Und freilich ist sie nicht ursprünglich da die Melancholischen auch veränderlich sind.

Wenn Phlegma aber als Mitte zwischen Genuß und Sehnsucht angesehen wird, so muß[?] [das] *Cholerische auch so erscheinen nur auf entgegengesezte Weise.*

Die innerste Eigenthümlichkeit ist undenkbar. Sie ist auch unabbildbar außer in einzelnen Momenten, weil ihr Abbild in dem unendlichen der Natur liegen müßte.

In wiefern kann man mit Steffens sagen [2ᵛ] *der Unterschied zwischen Gutem und Bösem sei nicht das höchste? Er ist nicht das höchste in der einzelnen That, er ist auch nicht das höchste in der*

Totalität des Daseins; er ist das immer entstehende und immer verschwindende, aber das Band zwischen allen einzelnen Thaten, die Reflexion, das secundäre Bewußtsein.

[Am Rand:]

Leibliches Leben und Seelenleben (Heinroth) ist auch schon ein verdächtiger Unterschied denn das Leben ist nur eines.

Ueber den verschiedenen Gebrauch der Wörter.

Gefühl ist wol Total Affection und Empfindung partielle

1 Deutsche Wort Seelenlehre dessen Analyse bildet d[ie] *Prolegom*[ena]*: Seele als bekannt, was für eine Lehre. Sonst rationale und empirische leztere Anekdoten von der Seele. Ersteres könnte nur Ichlehre sein sofern das Ichsagen allem Beobachtungsstoffe vorangeht.*

Andere Verschiedenheit [?] *nach V*[er]*hältniß zu d*[en] *Wissenschaften. – Wird bei Logik Phys*[ik] *u*[nd] *Ethik vorausgesezt*

2. Momente [?] *Anthropologie*

2. Zettel zur Psychologievorlesung (vermutlich 1822). 42 kleine Zettel verschiedenen Formats.

Die Nummern auf den Zetteln beziehen sich offenbar auf das Heft von 1818 (B. 1.).

Die Zettel sind von George im Vorwort seiner Edition (S. IX) erwähnt, aber bisher nicht veröffentlicht.

Ausgestellt (Abb. 9) ist der Zettel zur 72. und 73. Vorlesungsstunde über Tod und Schlaf (173 × 50 mm); ein Thema, das in den Vorlesungsheften nur angedeutet ist.

Psych. 72. Tod. Eben so unerforschlich als Anfang. Unsicherheit d[er] *Zeichen; Unbestimmbarkeit des Momentes. – Fortdauer der Vorstellungen im Scheintod*

Dialektische Behandlung – Tod als Naturthat Einwirkung welche das Ende der Reaction herbeiführt nicht zu begreifen

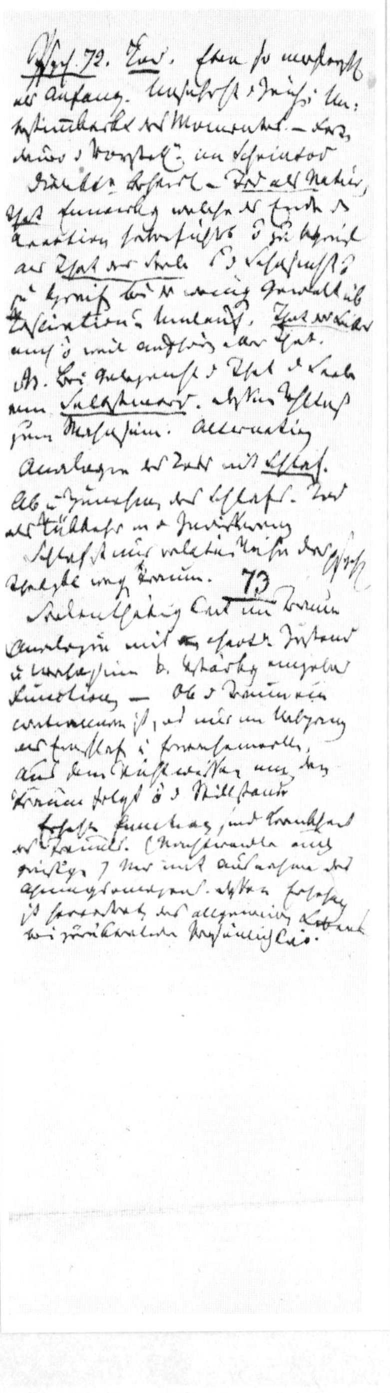

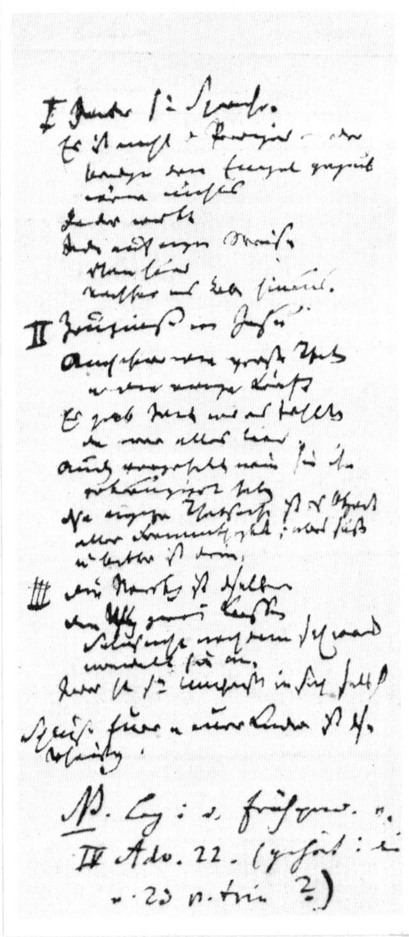

Als *That der Seele* *aus d*[er] *Sehnsucht nicht zu begreifen bei der wenigen Gewalt üb*[er] *Respiration u*[nd] *Umlauf.* *That des Leibes* *auch nicht weil Aufhören aller That.*

NB. Bei Gelegenheit d[er] *That d*[er] *Seele vom Selbstmord. Dessen V*[er]*hältniß zum Wahnsinn. Alternativen*

Analogie des Todes mit Schlaf. Ab u[nd] *Zunehmen des Schlafes. Tod als Rükkehr in d*[ie] *Indifferenz.*

Schlaf ist nur relative Ruhe der psych[ischen] *Thätigkeit wegen Traum.*

73

Seelenthätigkeit im Traum a. Analogie mit dem chaotischen Zustand u[nd] *Wahnsinn b. Verstärkung einzelner Functionen – Ob d*[er] *Traum ein continuum ist, od*[er] *nur ein Uebergang als Einschlafen und Erwachenwollen. Aus dem Nichtwissen um den Traum folgt nicht d*[er] *Stillstand.*

Erhöhte Functionen sind Krankheit des Traums. (Nachtwandler auch geistige) Nur mit Ausnahme des Ahnungsvermögens. Dessen Erhöhung ist hervortreten des allgemeinen Lebens bei zurüktretender Persönlichkeit.

3. Psychologievorlesung 1830 mit Randbemerkungen von 1833/34. 24 Bll., fol. 21–24 leer. 205 × 175 mm.

Überschrift auf fol. 1r: *Psychologie Sommer 1830.* Die Stunden sind durchgezählt von 1–63; die erste ist auf den 26. April datiert.

Auf dem Rand von fol. 1–16r eine neue Ausarbeitung, die auf 1833/34 datiert ist.

Abgedruckt in: „Sämmtliche Werke", Abt. III, Bd. 6, Berlin 1862, S. 406–557 als Beilagen B und C.

Abb. 9. (linke Abbildung) Fr. Schleiermacher, Zettel zur Psychologievorlesung, vermutlich 1822 (Nr. 36B 2)

Abb. 11. (rechte Abbildung) Fr. Schleiermacher, Predigtdisposition (Nr. 36D 11)

Kirchliche Geographie u. Statistik.

Einleitung. — Erklärung üb. den Namen
Verhältniß beider Theile. Abschnitt
Quellen. [illegible]. — (Ueber die [illegible]
[illegible]): [illegible]

2. Die Ausdehnung von der [illegible] d. XIX. [illegible]
[illegible] hervor. [illegible]
gegen einander. — [illegible] ist. —
Quellen.

3. Nähere Bestimmung d. Verfahrens. Hauptunterschied
nach den gesonderten Kirchengemeinschaften.
Ordnung nach d. [illegible] vom Ganzen [illegible]
u. Grenze.

4 Staats u. relig. Grenzen [illegible] d. Linien
[illegible] ein. beste Ordnung. Alte Grenze
[illegible]

2. [illegible]
3 [illegible]
[illegible]
6 [illegible]

[illegible] II S. 620 [illegible] A 8
[illegible] S. 636 u 705

Nestorianer [illegible]
1 [illegible]
[illegible]
A 1. 14. 15
Monophys. a. Maronit. Jacobit.
[illegible] 12. 16.
b. Armenier
c Kopt.
d. Abyssinier
Maronit.

Erste Abtheilung. Die christlichen Kirchen.
A. 4. [illegible]
A. 8. 9. 11.
Übergang von [illegible] in [illegible]. Allgemeine Charakter
[illegible] 1. 15. 14.
[illegible] 16. 12. 5. 2. 7. 10. 6. 13. 3.

[illegible] 18. [illegible] mit 5 [illegible]
[illegible]

Die katholische Kirche [illegible],
[illegible], in den Ländern wo sie alleinherr-
schend ist Portug. Span. Italien. [illegible]
[illegible] ist Oesterr. Frankr. [illegible]
[illegible] wo sie unter [illegible]
Preußen Niederlande Großbritann. Sachsen [illegible]

[illegible]
[illegible]
[illegible]
[illegible]

Frage: Ob unter d. gegenw. bairisch. Ministerium [illegible]
[illegible] sind? — [illegible]
bairisch. Concordats u. Verhältniß zur Constitut.

[illegible]

4. Kirchliche Geographie und Statistik. 53 Bll., davon 6 Bll. leer. 230 × 180 mm.

Schleiermacher las über dies Thema zuerst im Sommersemester 1827. Vgl. Schleiermacher an Twesten 18. 8. 1826 und 31. 3. 1827 (D. August Twesten nach Tagebüchern und Briefen. Hg. G. Heinrici, Berlin 1889, S. 388 und 399). – Die Vorlesungsmaterialien sind nicht veröffentlicht.

Aufgeschlagen (Abb. 10) ist fol. 33[r] mit dem Beginn des Vorlesungsentwurfs. Die vorhergehenden und der größte Teil der nachfolgenden Blätter enthalten Materialien zu den Hauptthemen der Vorlesung.

Kirchliche Geographie u[nd] *Statistik.*

Einleitung. – Erklärung üb[er] *den Namen. Verhältniß beider Theile. Absicht. Quellen. allgemeine und* [?] *besondere. – (Ueber die der Dogmatik parallele Stellung). Bloßes Aggregat thut es hier auch nicht*

---

2. Die Anschauung von der Wirksamkeit des Xth. [Christenthums] *geht auch aus der Geschichte hervor. Verhältniß beider Disciplinen gegen einander. – In wiefern zuerst eine Epoche ist. – Quellen.*

3. Nähere Bestimmung des Verfahrens. Haupteintheilung nach den gesonderten Kirchengemeinschaften.

Ordnung nach der Idee vom Gegensaz zw[ische]*n Peripherie u*[nd] *Grenze.*

4. Posit[ive] *u*[nd] *negat*[ive] *Grenze Verrückung der Linie Auch geschichtlich die beste Ordnung. Östliche Grenze Griech*[ische] *Kir*[che] [?] *Lat*[einische] *Kir*[ch]*en* [?] *Neue Welt Missionen*

Erste Abtheilung Südöstliche Grenze.

A. 4. Daher ausgesezt.

A. 8. 9. 11.

Abb. 10. Fr. Schleiermacher, Kirchliche Geographie und Statistik von 1827 (Nr. 36B 4)

Gegensaz von Nestorianismus und Monophysism[us]
Nestorianism[us] *1. 15. 14.*
Monoph[ysismus] *16. 12. 5. 2. 7. 10. 6. 13. 3.*

Die Katholische Kirche wird wol am besten behandelt werden 1.) In den Ländern wo sie alleinherrschend ist Portug[al] *Span*[ien] *Italien. Dann in denen wo sie Staatsreligion ist Oesterr*[eich] *Frankr*[eich] [am Rand eingefügt:] *Baiern Dann in denen wo sie unter protest*[antischen] *Regierungen vorkommt Preußen Niederlande Großbrittannien. Sachsen Baden*

Frage: Ob unter d[en] *gegenw*[ärtigen] *Bairischen Ministern Protestanten sind? – Wesentliche Punkte des Bairischen Concordates u*[nd] *V*[er]*hältniß zur Constitut*[ion]

[am Rande:]

2. *An das vorhandene* [?] *Interesse*
3 *Uebergang auf die bestehenden Differenzen*
  zum Behuf der Theilung [?]
  worauf zu sehen
6 *Angefangen bei Nestorianern*

Drusen II S. 628 Vgl. A. 8
Christliche S[. . .] *S. 631. u*[nd] *705*
Nestorianer gesondert d[ur]*ch Localität*
  d[ie] *gemeinsamen Merkmale*
  die Sonderung d[er]*Gem*[ein]*schaft*
A 1. 14. 15

Monophys[ismus] *a.* ⟨Maroniten⟩ *Jacobiten*
  Mesepotamien 12. 16.
b. Armenier
c. Kopten
d. Abessinien
Maroniten

Allgemeiner Charakter

Freit. 18.[t] *Monophys*[ismus] *mit 5 angefangen*
u[nd] *dabei stehen geblieben*
Abstufungen von dem
monarch[ischen] *Princip aus.*
Theorie üb[er] *d*[as] *V*[er]*hältniß*
kathol[ischer] *Landesherrn u*[nd] *protest*[antischer]
zur Kathol[isch]*en Kirche.*

C. Vorlesungsnachschriften

1. Kirchliche Geographie und Statistik; Nachschrift der Vorlesung 1827 durch J. Schmidt. 128 Bll., davon 2 Bll. leer. 220 × 180 mm.

2. Dasselbe; der Name des Schreibers auf dem Titel ist ausradiert. 130 Bll., fol. 124–125 fehlen, 126–130 leer. 285 × 185 mm.

3. Dasselbe; Nachschrift der Vorlesung 1833/34 ohne Nennung eines Schreibers. 51 Bll., fol. 50 und 51 leer. 285 ×180 mm.

4. Psychologievorlesung; ohne Angabe von Datum und Schreiber. 282 Bll., die letzten 15 Bll. leer. 200 × 170 mm.

5. Dasselbe. 68 Bll., 285 × 185 mm.

6. Abschrift des Anfangs des vorigen, teilweise in der Handschrift Ludwig Jonas'. 32 Bll., 225 × 180 mm.

7. Theologische Enzyklopädie; Fragment ohne Angabe von Datum und Schreiber. 6 Bll., 370 × 220 mm.

D. Predigten und Predigtentwürfe

1. Predigten aus der Kandidatenzeit (1789–1794). 85 Bll., 215 × 180 mm und kleinere Formate.

Ferner Umschlag und Zwischenblätter mit redaktionellen Bemerkungen des Herausgebers Sydow; auf dem Umschlag: „Schleiermacher hatte selbst diese Vorträge in der vorhandenen Ordnung actenmäßig geheftet und mit dem unten angesteckten Zettel versehen.“ Dieser Zettel, 110 × 145 mm, trägt die Aufschrift: *Predigten 1789–1794.* – Aus dem Nachlaß veröffentlicht in „Sämmtliche Werke“, Abt. II, Bd. 7, Berlin 1836, S. 3–202. – Ungedruckt blieb ein Predigtfragment vom 29. 3. 1793 (fol. 71 und 72).

2. Predigten 1794–1796. 74 Bll., 220 × 180 mm und 2 Bll. (davon 1 leer), 170 × 110 mm.

Ferner Umschlag und Zwischenblätter mit redaktionellen Bemerkungen des Herausgebers Sydow.

Eine Predigt hat Schleiermacher selbst in der 1. Sammlung seiner Predigten (Berlin 1801) veröffentlicht; die übrigen sind gedruckt in „Sämmtliche Werke“, Abt. II, Bd. 7, Berlin 1836, S. 205–380.

3. Predigteingänge. 13 Bll., davon 4 Bll. leer. 210 × 180 mm. Vermutlich vor 1800. Ungedruckt.

4.–10. Predigtfragmente und eigenhändige Abschriften von Predigtnachschriften. 27 Bll., davon 6 Bll. leer. 210 × 180 mm.

11. 4 Zettel mit Predigtdispositionen. Verschiedene Formate. Ungedruckt.

Ausgestellt (Abb. 11) ist ein Zettel 120 × 60 mm. Unten eine redaktionelle Bemerkung Sydows: „NB. Lag i[n] d[er] Frühpred[igt] v[om] IV Adv[ent] 22. (gehört i[n] die v[om] 23 p[ost] trin[itatis]?)“. Ein genauer Textbezug ist nicht ersichtlich, daher weist auch die Übertragung der ohne einen solchen Zusammenhang kaum verständlichen Stichworte Schleiermachers zahlreiche Lücken und Unsicherheiten auf.

I *Jeder* [?] *seine Sprache.*
Es ist nicht d[er] *Prediger. Der*
Prediger dem Einzeln[en] *gegenüb*[er]
wäre nichts
Jeder wirkt
Jeder auf eigne Weise
schon hier
Nachher ins Leben hinaus.
II *Zeugniß von Jesu*
[. . . .] [. . . . .] *wie* [?] *große Thaten*

u[nd] *die ewige Kraft*
Es gab Zeiten wo es fehlte
da war alles leer
Auch vorgehalten wie sie ihn
gekreuziget haben
Diese einzige Thatsache ist das Object
aller Freimüthigkeit; alles süße
u[nd] *bitter*[e] *ist darin.*
III Die [. . . . .] *ist dieselbe*
[d . .] [. . . .] *zwei* [. . . . . .]
Sehnsucht nach dem selig werd[en]
wandelt sie an.
Jeder hat seine [seinen?] [. . . . . .] *in sich selbst*
Schluß Euer u[nd] *eurer Kinder ist diese*
Verheißung.

12. Verzeichnis von Festtagspredigten. 2 Bll., 205 ×175 mm.

E. Predigtnachschriften

Die Predigtnachschriften bilden den umfangreichsten Bestandteil des im Verlagsarchiv vorhandenen Materials. Sie umfassen ca. 10 000 Bll. Auf eine detaillierte Beschreibung muß hier verzichtet werden. Zahlreiche Nachschriften sind von Schleiermacher geordnet sowie mit redaktionellen Bemerkungen, Korrekturen und Ergänzungen versehen.

F. Materialien zur Edition der Predigten

1. Verzeichnisse der aus dem Nachlaß übergebenen und aus fremden Besitz erworbenen Predigtnachschriften sowie Verzeichnisse von Schleiermacher gesprochener Predigten. 26 Bll., davon 3 Bll. leer, verschiedene Formate.

2. Editions-Materialien; darunter Briefe an den Herausgeber der Predigten. 14 Bll., davon 2 leer, verschiedene Formate.

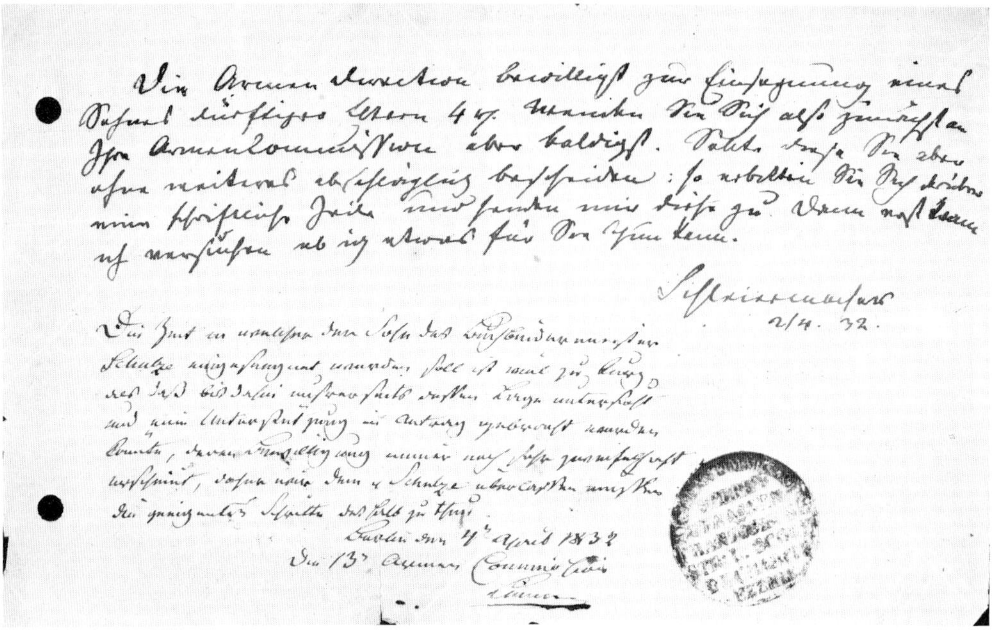

Die Armendirection bewilligt zur Einsegnung eines Sohnes dürftiger Eltern 4 Thl. Wenden Sie Sich also zunächst an Ihre Armencommission aber baldigst. Sollte diese Sie aber ohne weiteres abschläglich bescheiden: so erbitten Sie Sich darüber eine schriftliche Zeile und senden mir diese zu. Dann nachher kann ich versuchen ob ich etwas für Sie thun kann.

Schleiermacher
2/4. 32.

Berlin den 4t April 1832
Die 13te Armen Commission

Abb. 12. Fr. Schleiermacher, Brief an Buchbindermeister Schultze vom 2. 4. 1832 (Nr. 36H 4)

G. Schleiermachers Konfirmandenunterricht

Auf dem Umschlag: *Aus dem Religionsunterrichte des Herrn Dr. Fr. Schleiermacher. Angefangen am 18ten April 1825. Geschlossen am 3ten May 1826.* Geschrieben von J. H. Wedel für seine Tochter zur Einsegnung 1826. 140 Bll., 210 × 175 mm.

H. Briefe

a. Briefe von Schleiermacher

1. An Reimer, 20. 1. [1812]. 3 S./2 Bll., 200 × 170 mm.

Das Schreiben bezieht sich auf einen ebenfalls im Verlagsarchiv aufbewahrten Bericht des Grafen von Arnim vom 17. 1. 1812.

2. An Reimer, [1828]. 2 S./2 Bll., 105 × 85 mm.

Anschreiben zu einem Gesangbuch-Kontrakt von 1828.

3. An Reimer, [8. 2. 1832]. 1 S./1 Bl., 243 × 195 mm. Adresse auf der Rückseite.

Betrifft einen Kontrakt zwischen der Akademie und Reimer. Die Datierung wurde von einem Archivar hinzugefügt.

4. An Buchbindermeister Schultze, 2. 4. 1832. 1 S./1 Bl., 125 × 205 mm. (Abb. 12)

Antwort auf eine Anfrage wegen einer Beihilfe zur Einsegnung von Schultzes Sohn. Schleiermacher hat, wie aus den Tagebüchern (Zentrales Archiv der Akademie der Wissenschaften der DDR, Berlin) hervorgeht, 1832 häufig an Sitzungen der Armendirektion teilgenommen.

Die Unterschrift auf diesem Brief ist dem Bildnis Schleiermachers in „Aus Schleiermacher's Leben. In Briefen", Bd. 1, Berlin: Reimer 1858 als Faksimile beigegeben; das Blatt ist vermutlich aus diesem Anlaß in den Verlag gelangt. Derselbe Namenszug wird auch auf den Einbänden der künftigen Schleiermacher-Gesamtausgabe erscheinen.

Die ArmenDirection bewilligt zur Einsegnung eines Sohnes dürftiger Eltern 4 rth. Wenden Sie Sich also zunächst an Ihre ArmenCommission aber baldigst. Sollte diese Sie aber ohne weiteres abschläglich bescheiden: so erbitten Sie Sich darüber eine schriftliche Zeile und senden mir diese zu. Dann erst kann ich versuchen ob ich etwas für Sie thun kann.

Schleiermacher
2/4. 32.

[Reskript der 13. Armenkommission:]

Die Zeit in welcher der Sohn des Buchbindermeister Schulze eingeseegnet werden soll ist viel zu kurz, als daß bis dahin unsrerseits dessen Lage untersucht und eine Unterstützung in Antrag gebracht werden könnte, deren Bewilligung immer noch sehr zweifelhaft erscheint, daher wir dem p Schulze überlassen müssen die geeigneten Schritte deshalb zu thun.

Berlin den 4ten April 1832
Die 13te Armen Commission
[Unterschrift und Stempel]

[Adresse auf der Rückseite:]

An den BuchbinderMeister Herrn Schultze

b. Briefe an Schleiermacher

5. Ludwig von Mühlenfels an Schleiermacher, London, 8. 10. 1827. 1 S., 250 × 200 mm.

Der Brief befindet sich auf S. 3 eines an Georg [Andreas] Reimer gerichteten Schreibens. Mühlenfels bemüht sich um eine Professur für deutsche und nordische Literatur in London und bittet Schleiermacher um ein Gutachten.

6. Fragment eines amtlichen Schreibens, 17. 8. 32. 1 S./1 Bl., 170 × 200 mm.

Betrifft die Ehescheidungssache des Kutschers Panckow. Mit Erledigungsvermerk Schleiermachers vom 29. 8. 1832.

7. 1 Briefumschlag von Unbekannt. Datum: 6. 2. 1832.

c. Abschriften von Briefen

8. und 9. Manuskript der ersten beiden Bände „Aus Schleiermachers Leben. In Briefen.“ 676 und 550 Seiten verschiedenen Formats.

I. Gutachten

Abschrift eines Gutachtens, einen Rechtsstreit zwischen Reimer und von Hippel betreffend; in Reimers Handschrift. 2 Bll., 365 × 215 mm.

Auf fol. 1^v und 2^r Entwurf eines Briefes Reimers an von Hippel vom 25. 7. 1833. Die Abschrift des Gutachtens auf fol. 1^r; fol. 2^v ist leer.

K. Dokumente

1. Auszüge aus Polizeiakten 1817–1820. 2 Bll., fol. 2 leer. 335 × 210 mm. Vgl. oben Kat.-Nr. 11: Reimer im Verdacht der Demagogie.

Polizeipräsident le Coq an den Minister v Schuckmann
Berlin 3tn Novbr. 1819

Von zwei Zuhörern der Sonntagspredigt des Herrn S. sind mir die Anzeigen zugegangen, welche ich Ew. Excellenz hierbei ehrerbietigst überreiche –

derselbe an denselben
Berlin 18tn October 1819

Ueber die gestrige Predigt des Herrn Schleiermacher sind mir zwei Anzeigen zugegangen, welche ich Ew. Excellenz hierbei gehorsamst vorzulegen nicht ermangele. –

Schlußbemerkung zu dem Bericht über Schleiermachers Predigt am 3tn October 1819:

Zu den Zuhörern, worunter viel Studenten, gehörten: Reimer sen. der Student Zelle, der Student Schultze, (der mit Asocrus in einer Stube wohnt) der Dr. Eiselen und der erst aus dem Arreste entlassene Student Ulrich.

Schlußbemerkung zu dem Bericht über die Predigt am 14ten November 1819:

Bei der hierauf erfolgten Communion, der ich leider nicht beiwohnte, war es, wenigstens bei evangelischen Gemeinden hiesiger Stadt, eine auffallende Erscheinung, daß 4 mit Bärten versehene Studenten nach erhaltenem Abendmahl knieend, scheinbar inbrünstig beteten.

Fürst von Wittgenstein an den Minister von Schuckmann
Berlin d. 22tn October 1820

Ew. Excellenz werden aus der Anlage ersehen, wie sich der Herr Staatskanzler schon im Jahr 1817 über gewisse Vorlesungen geäußert hat.

Staatskanzler v Hardenberg an den PolizeyMinister Fürsten zu Sayn und Wittgenstein
⟨Berlin⟩ *Glienicke 8tn December 1817*

Aus der abschriftlichen Anlage vom heutigen Tage werden Ew. Durchlaucht gefälligst ersehen was ich dem Herrn StaatsMinister Freiherrn von Altenstein wegen der Vorlesungen der Professoren Jahn und Schleiermacher geschrieben habe. Ich zweifle nicht, daß Ew. Durchlaucht meine Ansichten theilen werden, und ersuche dieselben mit dem genannten Herrn Minister gefälligst dahin zu wirken daß jene Vorlesungen in Zukunft unterbleiben

[1v]

Staatskanzler v Hardenberg an den Minister Freiherrn von Altenstein
Glienicke den 8ten December 1817.

Ew. Excellenz beehre ich mich die urschriftlich angebogenen [?] *Schreiben des Professor Jahn vom 4tn u*[nd] *5tn d*[es] *M*[onats] *nebst einer Abschrift der demselben darauf vorläufig von mir ertheilten Antwort zu übersenden indem ich denenselben ergebenst überlasse den Wunsch des Bittstellers nach einer öffentlichen Wirksamkeit zu prüfen und nach Ihrem Gutbefinden das Weitere darauf zu veranlassen. Meine Meinung geht im Allgemeinen dahin daß für den p Jahn in irgend einer Art etwas werde geschehen müssen; sollte derselbe aber die Absicht haben, wieder solche Vorlesungen wie im vergangenen Winter zu halten, so erlaube ich mir im voraus zu bevorworten, daß ihm die Erlaubniß hierzu nicht zu ertheilen sein dürfte. Bei dieser Gelegenheit glaube ich Ew. Excellenz auch auf die Vorlesungen, die der Professor Schleiermacher im vergangenen Sommer hielt, aufmerksam machen zu müssen. Sie hatten hauptsächlich eine politische Tendenz und dienten ohne einen reellen Nutzen zu gewähren nur dazu die*

Gemüther zu bewegen und zu entzweien. Seine Majestät der König haben sich mehrmals mißfällig über selbige geäußert und sie dürfen unter diesen Umständen nicht ferner gestattet werden. Dem Herrn PolizeyMinister Fürsten von Wittgenstein theile ich den Inhalt dieses Schreibens mit, um gemeinschaftlich mit Ew. Excellenz dahin zu wirken, daß diese sowohl als die Jahnschen Vorlesungen in Zukunft unterbleiben.

2. Schleiermachers letzte Worte. 1 Bl., 200 × 125 mm.

Abschrift von dritter Hand; die letzten Worte Schleiermachers wurden kurz nach dessen Tode von Henriette Schleiermacher aufgezeichnet und sind gedruckt am Ende des 2. Bandes von „Aus Schleiermacher's Leben. In Briefen".

3. Abrechnung von Kolleggeldern (Fragment). 1 Bl., 110 × 180 mm.

3. Verzeichnisse und Register

Literaturverzeichnis
(Auswahl)

Reimer

Hermann Reimer, Georg Andreas Reimer. Erinnerungen aus seinem Leben insbes. aus der Zeit der Demagogen-Verfolgung. Berlin 1900.

Theodor Roller, Georg Andreas Reimer und sein Kreis. Zur Geschichte des politischen Denkens in Deutschland um die Zeit der Befreiungskriege. Berlin 1924.

Fritz Johannesson, Georg Andreas Reimer. Ein Beitrag zur Geschichte des Berliner Buchhandels, in: Mitteilungen des Vereins für die Gesch. Berlins 46 (1929) 121–134.

Kurt Gassen, Georg Andreas Reimer, in: Pommersche Lebensbilder 3 (1939) 226–242.

Göschen

George Joachim Goschen, The Life and Times of Georg Joachim Göschen, Publisher and Printer of Leipzig 1752–1828. 2 Bde, London 1903; deutsche Übers.: Das Leben Georg Joachim Göschens. 2 Bde, Leipzig 1905.

Heinrich Klenz, Geschichte der G. J. Göschen'schen Verlagshandlung. Hsl. Manuskript, 512 S., etwa DIN-A-4-Format. Das Buch wurde für das 125jährige Verlagsjubiläum am 8. 2. 1910 geschrieben.

Karl August Böttiger und Georg Joachim Göschen im Briefwechsel, von Luise Gerhardt, Leipzig 1911.

Aus den Briefen der Göschensammlung des Börsenvereins der Deutschen Buchhändler zu Leipzig, hg. von J. Goldfriedrich, Leipzig 1918.

Dietmar Debes, Georg Joachim Göschen, Die typographische Leistung des Verlegers. Leipzig 1965.

Walter de Gruyter

Gerhard Lüdtke, Der Verlag Walter de Gruyter u. Co. Skizzen aus der Geschichte der seinen Aufbau bildenden ehemaligen Firmen nebst einem Lebensabriß Dr. Walter de Gruyter's. Berlin 1924 (Nachdruck 1978).

Ders., Walter de Gruyter. Ein Lebensbild. Berlin 1929.

Abbildungsverzeichnis

Register

(Auswahl wichtiger Personen und Sachen)